東洋文庫 890

漢文研究法

中国学入門講義

狩野直喜 著
狩野直禎 校訂

平凡社

装幀　原　弘

凡例

一、本書は一九七九年、みすず書房より刊行された『漢文研究法』を翻刻したものである。本文庫に収録するにあたり、編集部の判断により、あらたに副題を付した。

一、翻刻にあたって、漢字は旧字体を新字体に改め、旧かなづかいはそのままとした。また、あらたにふりがなを新かなづかいで加えた。

一、＊の注は校訂者による。底本刊行後に出版された書物など、注記が必要と思われる箇所には、〔　〕内に最小限の補注を加えた。

一、翻刻の校閲およびふりがなと〔　〕内の補注につき、古勝隆一氏のご助力を得た。

目次

漢文釈例……173
漢文釈例……174
古文……179
後二十九日復上書　唐韓愈……179
集古録序　宋欧陽修……180
四六文……182
秋日登洪府滕王閣宴集序　唐王勃……182
出関与畢侍郎牋　清洪亮吉……184
公牘文……185
致伊藤全権大臣等書……185
附録馬関講和会議第一次問答節略……186
第四次問答節略……186
小説体文……188
荘子休鼓盆成大道　抄録今古奇観……188

漢《かん》文《ぶん》研《けん》究《きゅう》法《ほう》

中国学入門講義

狩《か》野《の》直《なお》喜《き》　著

狩《か》野《の》直《なお》禎《さだ》　校訂

漢文研究法

第一講

余は今日より五日十時間内に、漢文研究法なる題目に就き講述をなすべし。極めて限られたる時間に於て、従来此種の講演をなしたる経験なき自分が為す事なれば、不完全の点極めて多かるべし。此の炎天に態々《わざわざ》来会されたる諸君の満足を得ることは到底困難なるべし。此段は預《あらかじ》め高諒を乞ふ。

さて余は漢文研究法なる極めて漠然たる題目を掲げた訳であるが、第一に御断りを致して置かなくてはならぬは、余が漢文といふのは狭義に於ける漢文、即ち詞章に就いてのみ言ふにあらず。経史子集等乃《すなわ》ち所有《あらゆ》る漢文を以て綴られたる典籍を指すのである。即ち我輩が支那文明の迹である其の哲学・宗教・歴史・文学等を研究するには、色々の手段方法もあらんが、重《おも》に典籍に依らざるべからず。然るに典籍は数限りのなきものであるが、其内で余輩が或る事項に就いて研究をするには、何如《いか》なる典籍があるかと云ふ事を知るのが、一番肝要な事と思ふが、此計《こればか》りではいかぬ。余輩はそれを読みて正当に之を理解せねばならぬ。若《も》し余輩が典籍を読みて正当に解釈する事が出来なかつたら、何如に頭脳が明白で、推理が正しくあつても、其根底が誤つて居たら、其結論は怪しきものである。然るに漢文は難解のものであると云はれて居る。近頃我国に於ても段々漢字について色々議論ありて、漢字全廃とか漢字制限などの議論を承る次第であるが、要するに、漢字を記《おぼ》ゆるは面倒である、漢文は解し難いものであるとの前提から来るのである。されど凡ての学問は難解なるものなり。余前年フロレンスの老儒に面会の際漢文の修得法を問ひしに、彼は『康熙字典』を一字一字復習して四書五経を読むに至れりと答へたり。これだけの熱心あれば、漢字の学習又成功すべし。

勿論漢字は記ゆるに骨折るゝに差《たが》ひなく、漢文は解し難いに相違ないが、余輩が漢字を学び漢文を修むるには、何等の方法なきものであるからとて、手当り次第に漢籍を読むと云ふ風でなく、秩序的に漢文を研究する方法なきか。かの物理化学者が其学問の研究をなすには、器械によらざるべからざると同様に、漢文を読みて之を理解するには、即ちそれぞれ器械が必要となる。即ち漢文を読みて分らぬ字句が出たときには、それを調ぶる為に必要な参考書類の名と、之を使用する方法を知らざるべからず。来会諸君の中には、中等教育に従事し、漢文の授業を担任さるゝ方も少なからぬ事と信ずるが、中等漢文又読本などは、先づ平易な漢文を輯録したるものなれども、委しく読みて行かば、中々解釈に苦しむ処あり。又文句の解釈に苦しむものの外、例せば、人名・地名・官名につきても、研究に力を要するもの多し。一体文章は之を書きたる人物は何時頃の人にして、何如なる履歴の人たるかを知らざるべからず。地名につきても、書には唐宋時代の名を挙げてありても、それが今日の何の地に当るかを心得ざるべからず。又官名とても、昔時漢文を読むとき、官名たるときは、教師は唯之を役の名と説明し、諸生も敢て怪しむなかりしが、今日はかゝる方法にては不可なり。其他支那人の書せる文章を充分理解せんには、かの地の制度・風俗などを知らねば、縦令《たとえ》文句の意味丈《だけ》は解しても、何故にかゝる文句が出て来るかといふ事が、真には分らぬ事多し。○『水滸伝』の一節此等は其都度検《し》らべてかゝらねばならぬ。即ち一の分らぬ事起りたるとき、此につき何如なる書籍を参考すれば可なるかといふ事を知るが、漢文を修むるに尤《もっとも》肝要なりと思ふ。予は先づ此等の事に就いて、御話をしようと思ふ。

漢文を修むるの困難は種々あれども、第一は漢文の典籍が数量に於て非常に多き事なり。他の国の文学は建国の歴史と共ならず。然るに支那は之に反し、其典籍は上下四千有余年に渡り生産されたるものにて、汗牛充棟といはうか、浩として雲の如しといはうか、実に其幾《いく》何《ばく》なるを知らず。尤典籍にも新陳代謝ありて、時のたつに従ひ昔時流行せし典籍が散佚する事あり。殊に支那の如き革命の国は然りである。漢唐の時代に出来たものにて、今日に伝はるものは比較的に少ない。又我国が隋唐に通じたる時代、彼地より入りたる典籍極めて多かりし様なれども、其今日に保存さるゝものは極めて少ない。かくの如く散佚は勿論あれども、古書が散佚すると同時に新らしきものが段々出来る訳にて、後世に生るれば生るゝ程、読むべき典籍が多くなる次第なり。元来経書は増加せずと云はるゝも、是は本文は増加せざるも、研究せる書は増加するなり。

諸君も御承知の通り、前清乾隆の時代に『四庫全書』の編纂がありて、広く天下の書を集め、之を校正し之を謄写して、北京宮中を始め各地に収めしが、其書存書と存目との別あり。存書とは或る書の価値を認めて之を四庫に入れしもの、存目とは存書よりも価値少なきものにて、唯書名丈を録し、書自身は入れなかつたものであるが、此両者即ち存書存目の数を合するときは、一万二百二十三部、拾七万二千六百二十六巻に達して居る。尤これは当時朝廷に集りし典籍の全体にあらず。存書存目の内に入らざるもの其幾何なるを知らず。前年余は清朝の内閣に就いて、此の乾隆時代の存書存目以外の本多きを見たり。又禁書あり。この禁書と云ふは、多く朝廷の困る本なり。前清に就て云へば、明末・清初に明人の書ける復讎物の文字あるものを主とし、風俗関係のものは少し。*

* 狩野直喜『中国哲学史』（一九五三　岩波書店）四九五―四九七頁。

禁書の書目
『銷燬《しょうき》抽燬書目』　清乾隆四十七年（一七八二）官撰　咫《し》進《しん》斎叢書

『禁書総目』　清乾隆中（一七三六—九五）同
『違礙《いがい》書目』　同　同
『清代禁燬書目四種索引』（一九三一　抱経堂書局）
陳乃乾《ちんだいけん》『禁書総録』（一九三一　富晋書社）
前三者は乾隆中の官撰。後二者は索引があり、検索に便利である。
王暁伝『元明清三代禁毀小説戯曲史料』（一九五八　作家出版社）
宮崎市定「書禁と禁書」（『アジア史研究』第二　一九五九　東洋史研究会）
小野川秀美「雍正帝と大義覚迷録」（『東洋史研究』十六巻四号）

又四庫全書内に戯曲小説等今日の純文学に属するものは全部に入り居らず。支那にては従来道徳政治に関する堅きものでなくては、典籍として見ない。これを典籍として経史子集に列せしむることは、彼等の潔とせざる所なり。然れども苟《いやしく》も文学といへば、勿論此を其内に入れざるべからず。小説の内にて文学上の価値あるものは少なけれども、戯曲などは中々面白きものあり。支那の研究殊に風俗上の研究には是等小説の研究も必要なり。* 西洋人などは早く此の方面に注意し色々飜訳もあり。**

＊　著者の小説・戯曲についての論考
「水滸伝と支那戯曲」（『支那学文藪』一九七三　みすず書房）

「読曲瑣言《さげん》」（同右）
「琵琶行を材料としたる支那戯曲に就いて」（同右）
「元曲の由来と白仁甫の梧桐雨」（同右）
「支那俗文学史研究の材料」（同右）
「支那小説紅楼夢に就て」（同右）
「支那小説史」（大正五年九月―大正六年六月　京都帝国大学文科大学特殊講義　未刊〔『支那小説戯曲史』一九九二　みすず書房〕）
「支那戯曲史」（大正六年九月―大正七年六月　京都帝国大学文科大学特殊講義　未刊〔同右〕）
その後の中国及び日本に於ける戯曲研究。
王国維『宋元戯曲史』（一九一三　商務印書館〔邦訳は井波陵一訳注『宋元戯曲考』一九九七　平凡社東洋文庫〕）
塩谷温『支那文学概論講話』（一九一九　大日本雄弁会）
青木正児『元人雑劇序説』（『青木正児全集』四巻　一九七三　春秋社）
青木正児『支那近世戯曲史』（同右　三巻　一九七二）
吉川幸次郎『元雑劇研究』（『吉川幸次郎全集』十四巻　一九六八　筑摩書房）
吉川幸次郎「吉川幸次郎全集十四巻自跋」（同右）
魯迅『中国小説史略』（一九二四　上海北新書局。増田渉氏の訳が岩波文庫にある〔また中島長文訳注が平凡社東洋文庫（一九九七）にある〕）

小川環樹『中国小説史の研究』（一九六八　岩波書店）
内田道夫編『中国小説の世界』（一九七〇　評論社）
最後のものは、巻末に中国小説の飜訳及び研究文献一覧、中国小説年表が附されている。

** 例えばプレマール Prémare（1666–1736）の趙氏孤児の飜訳
後藤末雄『支那思想のフランス西漸』（東洋文庫　平凡社）

又清朝は支那歴代の中、学問非常に発達し、著述は極めて多く、乾隆以後に於て出来た書籍が幾らあるか分らず。又西洋では仏国を始めとして、英独露等に於て、輓今支那に関する研究が行はれ、独乙、露西亜の如きは支那に一種の野心を蔵するを以て、最《もっとも》其学を奨励せり。特に西域地方の歴史に於て得意なり。* 其哲学・宗教・文学・言語・地理・歴史・考古学の方面に於て、著述とか論文とか沢山出て居るし、目下盛《さかん》に刊行されつゝあり。（仏国にては百年前よりコレッヂドフランスに於て漢文学の講座あり。今はその四代目なり。**）殊に支那を中心として、其他亜細亜民族と支那との関係を調べる、即ち支那史でなくて東洋史などを研究せんとせば、彼等西洋人の著述は必ず参考せざるべからず。

* 狩野直喜「海外通信」（『支那学文藪』一九七三　みすず書房）
青木富太郎『東洋学の成立とその発展』（一九四〇　蛍雪書院）
石田幹之助『欧人の支那研究』（一九三二　共立社書店）

石田幹之助『欧米に於ける支那研究』（一九四二　創元社）
「海外東方学界消息」（『東方学』第一輯―。石田幹之助氏、氏の歿後は榎一雄氏等による）

＊＊　コレッジドフランス Collège de France　一五三〇年、フランソワ一世 François 1er がパリに設立。パリ大学（ソルボンヌ）がルネサンス運動によって引き起された進歩を考慮に入れることを拒否し、依然としてスコラ学によって支配されていたので、それに対抗して開かれた。一八一四年十二月に、支那学の講座を置くことが決定され、一八一五年一月、就任演説を行った。アベル＝レミュザ Abel-Rémusat（1788-1832）が、初代教授として、第二代教授はスタニスラス・ジュリアン Stanislas Julien であり、エルヴィ・ドゥサンドゥニ侯 1er Marquis d'Hervey de Saint Denys をへて第四代シャヴァンヌ Edouard Chavannes に及ぶ。その後はマスペロ Henri Maspéro、ドゥミエヴィル Paul Demiéville、ジェルネ Jacques Gernet らが相ついで教授に任じられた。
ポール・ドゥミエヴィル「フランスにおけるシナ学研究の歴史的展望」（『東方学』三十三・三十四）
José Frèches "La Sinologie"（Que sais-je?）

かくの如くなるときは、支那を対象とする学問をするに、其読まざるべからざる典籍は非常に多くなる理由なり。尤支那の学問といへども、其中には支那の哲学・宗教・地理・歴史・文学といふ位に色々科を分けて研究すればよいので、必ず支那に関する典籍が、或る一人に対して尽《ことごと》く必要なりといふ訳にはあらざれども、此等の学問は互ひに相関係して居る。

支那の哲学思想を研究せんとせば、文学を知らざるべからず。又歴史をも知らざるべからず。支那歴史に就いて言ふも同様なり。殊に古代の典籍となれば、六経は皆史也*との論もある通り、六経《りくけい》は同時に史とも見るを得、又文学とも見るを得。決して此間に区別を為すこと能はず。それで学問的研究を為すには勿論、唯漢文を読むにも、其中に経義に関する事もあり、歴史・文学に関する事も混じて居る。此等の大体は心得ざるべからず。

＊　章学誠『文史通義』に見える。なお内藤虎次郎「章学誠の史学」には、「自分はこの人の文史通義・校讐通義を読んだのは明治三十五年が初めてで、その時に大変面白かったので、本を二部杭州で買って一部を当時支那留学中の狩野博士に贈った」と見える。（『内藤湖南全集』第十一巻　一九六九　筑摩書房）

然るに前に述ぶる如く、典籍が浩瀚なる事なれば、之に臨みて何如に着手したらば、無駄骨を折らずに結果を収むべきか、此が第一に研究を要する問題なり。今申したる如く、典籍が浩瀚なれば一々此を読む訳に行かざるを以て、第一は吾人が或る事を研究するには、如何なる典籍あるかを知らざるべからず。第二は是等の典籍の内にて、何が最信拠すべきか。例せば同一の事柄につき、或る本にはかうなつて居るが、他の本にはかうなつて居る。然るときは、両書何れを取るべきか。即ち或る典籍につきて信拠すべき程度を知ることとなり。張之洞が学問をなすには書の真偽を知るが第一なりと云へる如く輶軒語、支那の典籍中に困つた事は、偽書が非常に多し。従つてこれを見わくること大切なり。
此れにも其原因は種々あり。一《ひとつ》は秦火といふ事なり。秦の火に逢うて先秦の経籍がなくなつたが、前漢のときに文芸が復興された。秦の迫害を免れた学者もあらはれて来るし、又屋壁とか山巌にあつた古書が再び人間にあらはれた次第で、其内には勿論先秦以前の真古書もあれども、或ひは漢以後の人が偽作したものも極めて多い。即ち秦火といふ事が偽作者に取りて都合よき口実を与へたり。又其偽作の内には、唯古人の名を借りて其書を流行させたいと云ふ考もあり、又其内には己の学説を立て、他人の学説を攻撃せんとし、自分の学説の証典として、或る書を偽作する事あり。王粛の『孔子家語』の如き、*是れは大《おお》にたちの悪き遺方なり。

＊　狩野直喜『魏晋学術考』（一九六八　筑摩書房　二九七頁）

偽書といふものは後世にも随分あれども、比較的昔時の典籍に多くあり。従つてその書の区別をなすは頗る困難なりといふべし。顧炎武が言ひし如く、古は自分の作りたるものもそれを己の作とせず、其れよりも信用ある古人の名を藉《か》りて、其書を流行させたるものなれども、後人は然らずして、人の書を以て己のものとして世に伝ふと言ひしが、*誠に其言ふ所の如し。

（備考）　支那にては著書は名誉なり。故に塩商等の富家などに、他人の原稿を買つて己の著として刊行する等の事あり**。

＊『日知録』巻十八　窃書
＊＊塩商と学問の関係
　佐伯富「塩と中国社会」（『中国史研究』第一、一九六九　東洋史研究会）

　要するに、此偽書に注意せざるべからず。偽書を信ずるときは思はざる誤謬を来すことあり。真偽を分つことが出来ざれば、研究は全く駄目となるなり。然らば今吾人が言つた如く、浩瀚な典籍につき己の知らんとする事を求む、又其典籍の価値を知るに尤必要なるは、典籍の目録に通ずる事なり。支那は今申す如く、図書が浩瀚にして真偽混合する故、目録学は早く発達し、先づ典籍の分類若《もし》くは其解題即ち或書は何時の時代に某の人が作つて某巻あり。其内容はかく／＼の事を書いたものとか、若くは某の作となりて居るけれども、此等の点より疑はしといふ様な事を書いたものがある。又間には、単に書名のみを列記したる目録書もあれども、それ丈にても大に必要なり。例せば、何時頃の目録には某書あれども、それから幾年後の目録になければ、其時代に亡びたと云ふ事が分るし、後に某書が突然世にあらはれても、其真物たるか偽物たるかに注意を要するが如き是れなり。結局目録は吾人に或る書に対する種々な注意を与ふるものにて、縦令《たとえ》ば吾人は其内容を読まずとも、其書の大体に就いて智識を得る事が出来る。それで和漢の学者は尤此目録を重《おもん》じ、清の王鳴盛は

「凡読書最切要者目録之学、目録明、方可読書、不明終是乱読」

といひ、又

「目録之学、学中第一緊要事、必従此門塗、方能得其門而入」

といへり『十七史商榷』巻一、巻七。我国の松崎慊堂《こうどう》*も其塾生に『漢書芸文志』を読ませた事を聞けり。

＊　松崎慊堂　一七七一―一八四四、肥後（熊本）の人。掛川藩に仕う。漢唐訓詁の学に従い、日本考証学派を開く。『慊堂日暦』の訳注が現在平凡社（東洋文庫）より刊行中である〔一九八三年に完結〕。

故に此れより目録書類に就いて一渡り御話をなさんと思ふ。但し「目録書類」といっても、それが又極めて多き故、尤有益なるもののみを挙げんに、第一は今申したる『漢書芸文志』にして、今日伝はる支那書籍目録最古のものなり。此は諸君も御存知の事なれども、一寸申し置くが、前漢のときに学問復興して、秦火の厄を免れたる典籍が沢山あり。中央朝廷若くは諸侯王国に於ても、河間献王の如きは熱心に金を惜しまずして書を募れり。かゝる次第にて書が段々集まりしが、成帝（前三二—前七）のとき秘府にある書又散亡したるを以て、謁《えつ》者《しゃ》陳農をして遺書を天下に求めしめ、又集まりたる書に就き、時の学者劉向《りゅうきょう》をして其調査に当らしめしが、向は一書ごとに其篇目を条し、其指意を撮し、録して之を奏せり。向卒《しゅつ》して哀帝のとき、又向の子歆《きん》に命じて父の業を卒《お》へしめたりき。此の向・歆共に当時の学者なるも、向は人格高きに対し、後者は人格優れず。又歆は古学*を学び左伝をやれるに対し、向は魯学**を修せる等の相違あり。

＊　古学　古文学。周の時代に用いられた文字で書かれたテクストによる学問。

＊＊　魯学　今文学（漢代に用いられた文字で書かれたテクストによる学問）の一派。魯に伝えられたのでこの名がある。

さて歆は父の業を継ぎて、為めに『七略』を奏せり。父の向は『別録』を作れり。向の『別録』、歆の『七略』は目録書の尤古きものなれども、早く佚して伝はらず。*

＊　『別録』・『七略』の佚文は、ともに『問経堂叢書経典集林』『玉函山房輯佚書史編目録類』などに収められている。

然るに後漢に至り、班固なるものが『漢書』を編み、其中に芸文志の一門を入れしが、それは全く『別録』・『七略』の二書によりたるものにて、殆んどそれを抄略せるものと云ふべし。是れにより前漢に存せし典籍が、何如なるものたりしかを知る。又芸文志は典籍の目録のみにあらず。六経以下典籍の内容により、色々分類されて居る。其分類が直《ただち》に先秦時代に於ける諸子百家の分類となつて居る。而して一家ごとに簡単に其起源を叙し、又それに関する評論ありて、先秦時代の所謂《いわゆ》る六経以外の諸子百家なるものが盛なりし状を察することを得べし。是れに依り此書は漢文学習の上には最必要なる書なり。一体『史記』と『漢書』は支那の歴史の最古のものにして、この『史記』と『漢書』に就いては種々学者の間に優劣の論あれども、*書物を研究する上より云へば、『漢書』に芸文志あるは『史記』に優るものあるを知るべし。

＊　狩野直喜『支那文学史』（一九七〇　みすず書房）第二章「西漢の文学」第一節「散文」第四史伝及び、第三章「東漢の文学」第三節「班固」

（備考）宋の王応麟、『漢書芸文志』に就き考証十巻を著せり。*以て参考となすべし。

＊　『玉海』坿刻十三種及び『二十五史補編』に収められている。

かくの如く、『漢書』に芸文志の一門を創《はじ》めしより、歴代の正史（紀伝ある『史記』・『漢書』の如きもの）には多く『漢書』に倣《なら》ひて芸文志若くは経籍志の一門を設け、其時代まで現存せし典籍を載す。即ち『隋書』に経籍志あり。

（備考）正史中の典籍目録にては、漢隋二志を尤好しとす。隋志に就いては清の章宗源の著はせし『隋書経籍志考証』あり。唯憾《うら》むらくは史部のみ。他部は未だ成らずして死せり。*

＊『隋書経籍志』には、ここに挙げられている章宗源の考証（十三巻）のほかに、姚振宗《ようしんそう》の『隋書経籍志考証』五十二巻があり、史部以外のものにも及んでいる。共に『二十五史補編』に収められている。なお姚振宗には『漢書芸文志拾補』がある。又、興膳宏・川合康三「隋書経籍志訳注」（『中国文学報』二五冊以後）が刊行中である〔『隋書経籍志詳攷』一九九七　汲古書院として刊行〕。

それから『旧唐書』に経籍志あり。『新唐書』『宋史』『明史』に各〻芸文志あり。皆漢志・隋志に据《よ》りたるものなり。其他芸文志を有せざる遼金元の三史につきては、後世盧文《ろぶん》弨《しょう》若くは銭大昕《せんだいきん》などの学者が補ったものあり。＊是亦参考に供すべし。

＊盧文弨『補遼金芸文志』一巻
銭大昕『元史芸文志』四巻
遼金元三史以外に、芸文志若くは経籍志を有せざる正史について、これを補ったものをあげると左の通り。
姚振宗『後漢芸文志』四巻
曾樸『補後漢書芸文志』一巻『攷』十巻
姚振宗『三国芸文志』四巻
侯康『補三国芸文志』四巻
丁国鈞《ていこくきん》『補晋書芸文志』四巻『補遺』一巻『附録』一巻坿『刊誤』一巻

秦栄光『補晋書芸文志』四巻
文廷式『補晋書芸文志』六巻
黄逢元『補晋書芸文志』四巻
呉士鑑『補晋書経籍志』四巻
聶崇岐《じょうすうき》『補宋書芸文志』一巻
陳述『補南斉書芸文志』四巻
徐崇『補南北史芸文志』三巻
汪士《おうし》鐸《たく》『南北史補志』十四巻
顧懐三『補五代史芸文志』一巻

何れも『二十五史補編』（一九三六　上海開明書店排印本）中に収められてある。

（備考）日本に漢書の目録として、『日本国見在書《げんざいしょ》目録』なるものあり。藤原佐世《すけよ》なるものの勅を奉じて、寛平年間（唐昭宗の世に当る。八八九—八九八）に撰述したるものなり。是れより先貞観十七年（八七五）に冷泉院火災にかゝり、秘閣の図籍文書多く灰燼に帰しゝが、其厄を免れたる書籍につき目録を編纂せしものにて、当時佐世尤文学に通じたりしを以て、之に当らしめたり。支那に於ける目録と比較すれば、恰も隋志と新旧唐書との間に入るべきものにて、両者の欠を補ふことも出来、又我王朝時代に何如なる漢土の典籍が伝はりて居たか、又当代の学風を知るに便利なり。排列の体裁は全く隋志による。殊に面白きは、支那にて散佚せる書の、日本でもなくなるものある事なり。又流行も同じ様になり居れり。即ち唐代にて尊重せる書は日本にても貴べる事なり。* これは支那と同じ傾向を取るなり。今日にても同じ。

＊ 狩野直喜「日本国見在書目録に就いて」（『支那学文藪』一九七三　みすず書房）

以上は正史にある、若くは正史に載せざる所を補うたる書籍目録なるが、猶《なお》其外に或時代に於いて、宮中若くは官庁備付の書籍、或は個人の蔵書に就いて製《こし》らへたる目録甚多し。一一之を細述するに煩はしければ、単に其名のみを示さん。即ち宋には『崇文目録』*崇文院の秘閣の図書につき王堯臣・欧陽修等の編纂しゝ所なり、明には『文淵閣書目』** 等あり。

＊『崇文総目』。『秘書総目』ともいう。五巻、補遺一巻。宋、慶暦元年（一〇四一）。秘閣の図書を分類編纂した。分類ごとに小序があり、一部の書ごとに、著者・内容についての釈があった。亡佚していたものを、清の銭東垣《とうえん》らが集録した。『後知不足斎叢書』『粤雅《えつが》堂叢書』『国学基本叢書』などに収められている。

＊＊『文淵閣書目』二十巻。永楽年間（一四〇三―一四二四）、朝廷の蔵書を南京から北京に運んだ際の目録。『読画斎叢書』『叢書集成』などに収められている。

其他個人のものとしては、宋の晁公武《ちょうこうぶ》の『郡斎読書志』*、宋陳振孫の『書録解題』**、鄭樵『通志』芸文略***、馬端臨『文献通考《つうこう》』経籍考****等尤著はる。

＊『昭徳先生郡斎読書志』。晁公武は南宋初の人。昭徳（河北省磁県）は晁公武の家のあった所。

南陽（河南）の井公《せいこう》が十数年間にわたって、蜀地において蒐集した蔵書を公武に与えた。公武は廬山の下においてこれを受け、家蔵の書と合わせて分類し、目録・解題を附した。版本としては淳祐九年（一二四九）刊の衢州《くしゅう》本（二十巻）と、淳祐十年（一二五〇）刊の袁州本（七巻）の二種があり、従来は衢州本をもとに、清の王先謙が校補を加えたる光緒一〇年（一八八四）長沙王氏刊本（附志、校補を加えて二十二巻）が重んぜられていたが、この講義がなされてから後、故宮博物院から発見された袁州本が景印された。一九三三年商務印書館景印本（『続古逸叢書』三五）がそれである。『四部叢刊』三編にも収められている。

＊＊『直斎書録解題』二十二巻。散佚していたものを、清朝に入って、『永楽大典』中から輯《あつ》めた。殿本、江蘇書局本などがあり、『叢書集成』にも収められている。

＊＊＊『文献通考五種総目録、坿通典・通志』（一九五三　東洋史研究会）一一〇―一一一頁参照。『直斎書録解題書名索引』（『東洋史研究』三巻二号附録）

＊＊＊＊　同右、二八―二九頁参照。

是等は何れも書物を知るに必要なるものなり。清朝にても蔵書目録極めて多く、これには珍本のものと真に大切なるものとあれども一一之を略し、＊直に『四庫全書総目提要』に遷るべし。

＊　例えば左の如し。

『国史経籍志』六巻　明　焦竑《しょうこう》撰

『天一閣書目』四巻　清阮元《げんげん》撰
『千頃堂《せんけい》書目』三十二巻　清黄虞稷《こうぐしょく》撰
『士礼居蔵書題跋記』六巻　清黄丕烈《ひれつ》撰
『拝経楼蔵書題跋記』五巻　清呉寿暘《ごじゆよう》撰
『鉄琴銅剣楼蔵書目録』二十四巻　清瞿鏞《くよう》撰
『滂喜斎蔵書記』三巻　清潘祖蔭撰
『八千巻楼書目』二十巻　清丁丙撰
『観古堂蔵書目』四巻　清葉徳輝《せっとくき》撰

なお我が国の主な大学・研究機関の蔵書目録には次のようなものがある。

『京都大学人文科学研究所漢籍分類目録坿書名人名通検』二冊（一九六三）

此書は『東方文化研究所漢籍分類目録坿書名人名通検』（一九四三）にもとづき、その後の収書活動によるもの、東方文化研究所が京都大学人文科学研究所と合併して増加したもの、さらに内藤（虎次郎）文庫・松本（文三郎）文庫・中江（丑吉）文庫・村本（英秀）文庫・矢野（仁一）文庫が加わって編纂された。此種の目録の典型である。

『京都大学文学部漢籍分類目録』（一九五九）
『京都帝国大学附属図書館和漢書目録第一』（一九三八）
『京都帝国大学漢籍目録史部第二』（一九三八）
『東京大学東洋文化研究所漢籍分類目録坿書名人名索引』（一九七二）

『東京大学文学部中国哲学中国文学研究室蔵書目録』(一九六五)
『東北大学所蔵和漢書古典分類目録漢籍』(一九七四—七五)
『神戸大学附属図書館漢籍分類目録』(一九七五)
『内閣文庫漢籍分類目録』(一九七一)
『大阪府立図書館蔵漢籍目録』(一九六四—六七)
『静嘉堂文庫漢籍分類目録』(一九三〇)
『尊経閣文庫漢籍分類目録』(一九三四)
『名古屋市蓬左文庫漢籍分類目録』(一九七五)
大阪大学文学部編『懐徳堂文庫図書目録』(一九七六)

清は聖祖康熙帝以来学問を好みしが、当時明の亡びて間もなき事にて、宮中に存するもの其の数幾《いくば》くもなかりき。帝因りて広く天下の書を蒐集するの志ありしも、其志を果さずして崩じた後、聖祖の孫高宗即ち乾隆帝に至り、かの有名なる四庫全書館を開き、広く書籍を募り之を収むることを始めたり。

是れより先、明の成祖永楽帝のとき、『永楽大典』の編纂事業ありき。『永楽大典』とは、当時に現存せし古今の書籍を尽く集めて、之を一部の「書」の中に入れたるものにて、其排列の方法皆韻字による。例せば、一東の韻にて初めの「東」の韻の所に、凡そ書の首に東と名のつくものを尽く列《なら》ぶるとか、或は一の書籍を篇に依りて分ち、然る後韻に応じて排列したるものもあり。要するに、其排列の方法は違へども、永楽のときにあつた古今の書籍が、其原形に於て、又は切れ〳〵となりて、一の『永楽大典』の内に入つて居る。即ち『永楽大典』といへば一の書なれども、其実天下の載籍の集まりにて、凡《およそ》二万二千八百七十七巻に目録六十巻あり。支那は梁武帝の時代より勅撰になりし大部の書多し。然れども未だ此の如く尨大なるものはなし。其為めに二千人以上の人を使つたと云はれて居る。さてこの書は後版に鋟《しん》せんとしゝも、工費浩繁なるを以て中止され、唯三通の写本ありて南北の両京《南京北京》に貯置かれしが、明の亡びたるとき二通は全く焼失し、唯一通のみ多少欠本となつて清朝までも現存し翰林院にあり。*

＊　清朝に迄残存せしものも、アロー戦争・義和団事変等により大部分は消失し散逸してしまった。残ったものは僅《わずか》に六十巻といわれてきたが、現在では七百巻を越えるものが見出されている。
『永楽大典残七百三十巻目録一巻』（一九五九―六〇　北京　中華書局景印本）
郭伯恭「永楽大典考」（『国学小叢書』）
岩井大慧「永楽大典現存巻目表（新訂）」（一九六三『岩井博士古稀記念典籍論集』）

後にあまり注意されざれしが、乾隆のときに至り、帝が父祖の遺志を継ぎ書籍を集むるの計画ありしや、朱筠《しゆいん》といへる学者ありて帝に勧め、永楽大典中に収むる書にて、今全く世に佚したるもの少なからず、幸い大典が現存する故に之を収輯すべしと。帝直に此議を納れ、人を派して大典より沢山の書籍を抜取らしめ、又広く天下に遺書を求め、乾隆三十八年に四庫全書館を開けたり（西暦一千七百七十三年。）十年（或は十三年とも云ふ）の星霜を経て此大事業をなせり。四庫全書館には正総裁・副総裁以下の官職を置き、前者には郡王＊若くは大学士＊＊を任じ、副総裁には六部の尚書或は侍郎を用いられしが、別に実際主として其事に当りしものは総纂官にして、紀昀《きいん》・陸錫熊《りくせきゆう》・孫士毅の諸人あり。

＊　爵名。晋に始まる。親王と並んで上級の封号であり、之を賜わることは特別の恩典に属した。

＊＊　官名。唐代に始る、明以後内閣にあって宰相に当る職務を担当、清朝もこれによるが、何回か制度の変革があり、乾隆時代には保和・文華・武英の三殿並に体仁・文淵・東閣の三閣に満漢各二名の大学士を置いている。しかし軍機処の設置があり、しだいに実権は失われていった。

宮崎市定「清朝における国語問題の一面」（『アジア史研究』第三、一九六三　東洋史研究会）

狩野直喜「清朝の制度と文学」（京都帝国大学文学部特殊講義　大正十二年四月―大正十三年六月　未刊〔『清朝の制度と文学』一九八四　みすず書房〕）

猶其下に当時有名の学者を網羅したりき。其内にても紀昀の力尤多しとす。

（備考）紀昀字暁嵐、一字春帆、晩号石雲、嘉慶乙丑（1805）薨《こう》、年八十有二

当時四庫館に集りしものは、前に挙げたりし『永楽大典』より輯収し、三百八十三部の書を初めとし、其外に従来宮廷にありし内府本、地方官より上りし採進本、北京及び地方の蔵

書家より上りし家蔵本あり。それに通行本を合せてあらゆる書籍を集めたりしが、其あらゆる書籍につきて一一甄別《けんべつ》をなし、此を分ちて存書・存目の二とせり。存書とは四庫全書中に編入するもの、存目は編入はせず、唯其書名丈を控へ保存するものと云ふ義にして、存書よりは一段価値の下りたるものなり。此四庫全書は決して原本其儘に入れたるものにあらず。体裁を均《ひと》しくして鈔写したるものにて、かく出来上りたるものを宮城内に於ては文淵閣、円明園＊に文源閣、奉天に文溯閣、熱河に文津《ぶんしん》閣を作りて之を貯へたり。

＊　北京の西直門の西北に建てられた離宮。もと明代の庭園が廃園になっていたものを、雍親王（後の雍正帝）が父康熙帝より賜わって、新しく離宮を建設。乾隆帝がさらに増改修した。ヨーロッパ十七世紀のバロック様式を取り入れている。咸豊十年（一八六〇）、英・仏連合軍の北京侵入により廃虚と化した。

これは所謂る帝室の文庫にて、公衆の之を利用すべきものにあらざれば、其外に一般読書社会を裨益するの目的を以て、人文の淵藪と称せられたる江浙地方に就き、江蘇揚州に文滙《ぶんかい》閣、鎮江に文宗閣、浙江杭州に文瀾閣を立て、有志者は其中に入りて観覧し又鈔写する事を許されたり。

円明園は英仏同盟軍の為めに火《や》かれ（一八六〇年）、揚州鎮江の二閣も長髪賊の乱（太平天国の乱）に兵火にかゝり、今日に存するものは宮城と奉天と熱河とのみ。杭州の文瀾閣も長髪賊の乱の為め散佚せしを、後補写したる部分多し。其奉天の文溯閣の四庫全書及び熱河の文津閣の二部は共に近頃北京に移し蔵する事とせり。奉天のものを移せるは全く日本を恐れるが為めなり。こゝに於て北京には三種の四庫全書あり。この内善本は乾隆の時出来し、北京にある三本なり。

四庫全書の由来は先づかくの如きものなるが、乾隆帝も此編纂事業については大《おお》いに骨を折り、種々微細の末にまで注意をなせり。四庫全書総目提要の初にある勅書に、詳細なる編纂条目あり。以て其の一斑を見るべく、帝の如何に骨折り干渉せるかに就いては、例へば或人の漢武帝を歌へる詩の内に、漢徹と帝名を書けるあり。これを不可なりとせり。自分は天子なるも先帝は之を尊んで帝名を呼ばず。然るに臣民が是を呼ぶは不可なりとて、其文句を削れる如きあり。又なまめかしき詩を遠ざくる事につとめたる、又或人の文胡虜とあるを改めたるものあり。一書鈔写終るごとに之を奏上して裁可を経たり。一書には必ず初めに書の解題を附す。即ち此書は誰の作である、又従来誰の作となつて居たがそうではないとか、其内容は何如、此書の良き点は那処《いずく》にあるか、誤謬の点は那処にあるかなど、書に対する批評が一々附載されて居り、種々の事を知り得べし。後勅命によりて此の解題のみを集めて一部の書となしたるものが、即ち『四庫全書総目提要』二百巻にして、内に存書と存目あり。従来書目解題未だ此の如き完全のものなし。此事業に対し沢山の人が各〻分担して取調べたものなれども、全体をまとめて此れに最後の判決を下したるものは、上に申したる紀昀《きいん》なり。彼れは其学問文章に対する一《ひとつ》の考へありて、属僚が各分担して取調べた所でも、己の意に合はざれば一々之を改めたるものゝ如し。其証は当時四庫全書館に奉職しゝものゝ全集に、提要の稿本が載せてあるが、これを現在の提要に比するに大に違つて居る。*

＊　例えば姚鼐《ようだい》（姫伝）の『惜抱軒外集』易書の部、及び邵晋涵《しょうしんかん》の『南江文鈔』巻三にその稿本が見える。なお邵晋涵「四庫全書提要分纂稟」（『紹興先生遺書』所収）に採録されているものは『南江文鈔』と同文。

狩野直喜「清朝文学」（京都帝国大学文科大学特殊講義　大正七年九月―十二年二月　未刊〔『清朝の

制度と文学』一九八四　みすず書房〕）

是れによりて見れば、紀昀が一々之を検閲し、体裁を一にする為め文章まで改刪しゝことを知るべく其精力驚くべし。併し此人は精力を四庫全書に尽くし、別に著述とてはなし。曾て謂ふ。「予四庫全書館にあり。天下の典籍に目を通したるが、自分の新《あらた》に言はんとする事は、皆古人が已に言つて居る。今人見る所狭し。偶〻《たまたま》一得あれば輒《すなわ》ち自《みずから》剏獲《そうかく》を矜《ほこ》り、皆古人の已に言ふ所、古人の已に闢《ひら》く所なるを知らず」云々といへり『閲微草堂筆記』以外に著なし。蓋《だけ》博覧の為め独創の見少なきなり。これは存書丈について、簡単なる解読をなしたるものなり。此両書は或る書の性質と其価値を知るには極めて便利なものなれども、それから已に之を簡略にしたる『簡明目録』あり。

（備考）両者版本につき異なる所あり。提要は木印板にして北京の宮中より出版せり。別に浙江、広東にて出版の活字の揚州小字本、広州小字本あり。価安し。然し皆必ずしも同じからず。[*]

吾輩は之を使用するに多少の注意を要す。

＊『四庫全書』も最近は索引のついたものが刊行されている。
『欽定四庫全書総目二百巻坿未収書目提要五巻清阮元撰索引四巻陳乃乾撰書目表四巻未収書目表一巻清李滋然撰　清代禁燬書目四種清乾隆官撰』（一九二六　上海大東書局石印本）
『欽定四庫全書提要一百十四巻補遺一巻坿解題一巻書名索引一巻金毓黻撰文溯閣四庫全書提要与総

目異同表一巻 郝慶柏撰 聚珍版本提要与四庫本提要異同表一巻』（一九三五　国立奉天図書館拠文溯閣本鈔校委託遼海書社排印）

『四庫全書総目及未収書目引得』（一九三二　北平燕京大学引得）

『四庫採進書目不分巻即各省進呈書目坿索引 清乾隆中四庫全書館官撰索引商務印書館撰』（一九六〇　北京商務印書館排印本）

『続修四庫全書提要坿四角号碼索引』（一九七一　台湾商務印書館）

最後のものは、東方文化事業委員会（日本側委員としては東京より服部宇之吉、京都より著者が出た）が、義和団事変（一九〇〇）の賠償金を基金として始めたもので、編纂の仕事は橋川時雄氏が中心となつて行われた。

「与東方文化事業総委員会中国委員」（『君山文』巻九）を参照されたい。

その編纂の方針は、㈠、四庫全書編修以前の書で、四庫全書に納められていないもの。㈡、四庫全書編修以後の書。㈢、四庫全書に収められているが、新しくより良い完全な版本が見つけられたものを集めることにあった。

第一、四庫の書中に収めたるものに、勅撰本なるものあり。即ち康煕・乾隆諸帝の代に、儒臣に命じて編纂させたるものにて、経書計《ばか》りでも沢山あり（御纂欽定経部凡《およそ》三十一部一千二十五巻）。然るに此等勅撰の経解は各省儒学に頒《わか》たれ、士子を以て之を読ましめ、並びに書賈の飜刻を許したるものなるが、我国にも昔時は貴ばれたると見え、金沢藩の如きは『欽定四書』を飜刻せし程なり。然れども此等勅撰のものは其説経極めて穏健といはうか、平凡といはうか、一個人の著述の如く独創の見に乏し。此れ勅撰の性質上致し方なき事なるべしと思はるゝが、提要には口を極めて頌揚《しょうよう》して、一言一句も誤りなし。先聖人の口気をみとおし、作れるものとせり。このやうに完全無欠なるものゝ如く言つて居る。これは臣子として斯く言はねばならぬから、かゝる辞を弄したるものにて、提要に言ふ如きに其価値あるものと思ふべからず。

それから総纂官たる紀昀は漢学を崇び(支那の経学には漢学*・宋学**の両派あり)、宋元の理学***(道学)を好まず。

* 漢学 漢唐時代の訓詁を主とした学。
** 宋代以後の、天地万物の原理や人間の性の研究を重んずる学問。理気を論ずるので理学・道学・性理学ともいう。又程顥《ていこう》・程頤《い》・朱熹らによって主唱され大成されたので程朱の学ともいう。
*** 宋学を見よ。

故に経部に於て、漢学の系統に属するものゝ著述は口を極めて頌揚すれども、宋元学者の説は何かけちを附けて貶する癖あり。故に是れのみ信ずべからず。提要を読むに当りて、よろしく彼の狭量を注意すべきなり。

一体清朝は考証学・漢学の流行を極めし時代なれども、政府が学問の正派となすものは矢張《やは》り程朱学なり。*

＊　宋学を見よ。

故に程朱自身の著述に就いては、公然非難をなさゞれども、元明以後此の系統に属するものに就いては多く貶辞あり。乃《すなわ》ち前に申す如く存書と存目との区別あるが、漢学派の書は多く存書の内に収めたるも、宋学派の書は立派なものでも往々にして存目の部に入るものあり。是れ昀が門戸の見に囚はれたるものにて、此点は能く注意せざるべからず。

今一つは明人の著述なり。支那では清朝に限らず、或る時代の人は其前即ち勝代のものならば、何事でも悪くいふ癖あり。即ち明人は元人を貶し、清人は明人を貶す。それが学問著述の上に及びて、提要を見れば、明人の著述一概に悪く言ふ風あり。又例の明人の杜撰なる著述であるといふ具合に、初めから馬鹿にする口吻あり。又集の如き、元人の集ならばつまらぬものも存書に入れてあれども、明人の集は立派なるものにても存目の方へくり下げられたるもの少なからず。此等は此書の偏頗なる点にして、此書を読むもの丶能《よ》く注意すべき所なり。

此れに附いて今一つ紹介すべきは、『邵亭《りよてい》知見伝本書目』（十六巻）といふものにて、曾国藩の幕友たりし莫友芝《ばくゆうし》の著はし丶ものにて、近時書肆田中文求堂にて出版し丶ものなり。此書重《おも》に『四庫全書簡明目録』により、毎書ごとに其版の種類を挙ぐ。即ち同書につきて何時の時代、何処で版にしたるものあり。それが一番よいとか悪いとか云ふ事が載つて居る。又此書は某叢書の中に収めてあるといふ事が出て居る。我輩は『四庫全書』に於て或る書名を知り、それから此れを読まんとするときに、此書目に就いて検索することを要す。*

＊　版本を見るに便利なのは、莫友芝も参考にした『増訂四庫簡明目録標注二十巻 附録三巻 綜合索引 清邵懿辰撰 孫章続録 曾孫友誠輯 索引中華書局撰』（一九五九　中華書局排印本）がある。

『四庫未収書目提要』五巻　清阮元《げんげん》撰『揅経《けんけい》室集』内に収む。又単行本あり。朝廷に献じたものなり。

『経義考』三百巻　清朱彝尊《しゆいそん》撰　彝尊字《あざな》は錫鬯《せきちよう》、竹垞《ちくた》と号す。此書は経書に関する目録にて其範囲稍〻《やや》狭けれども、『四庫全書提要』に比して猶《なお》便利な点あり。*

＊　原刻本の外に浙江書局本、四部備要本、叢書集成本などがある。
羅振玉『経義考目録八巻校記一巻』（大同二年　一九三三　上虞《じようぐ》羅氏石印本）
翁方綱『経義考補正』（粤雅堂叢書所収）

即ち四庫提要は現存の書籍に限られ、又現存の書籍中にても、当局者が価値あるものと極めたものに限らると雖《いえども》、『経義考』の方は、現存と散佚とを問はず、昔より今（即朱彝尊の時代）に至るまで、経義に関して（重もに注解なれども、注解にあらずして、或経の意義を敷衍説明したるものをも含む）作られた典籍の記載にして、『五経』『四書』等に分類し、此等に関して作られたる典籍を時代順に列《なら》べてあり、即ち前に撰者人の姓氏、書名、巻数、存、佚、闕《けつ》、未見とを明記す。即ち存とは彝尊の時代に現存するもの（存とあれば今日まで現存する書たる事は明なり。）、佚とは已に散佚してなくなりしもの、闕とは例せば全部十巻のものなれども、其一部分残闕したるもの、未見とは彝尊自分が未だ見ざるものにて、存‐佚‐闕を明言せざるものなり。次に書の或者に対しては、其序跋と諸儒の此書に関する論説等を列挙し、最後に己の意見を附記す。此点は極めて有益にして、縦令《たとえ》本書を読まずとも、序跋のみを一読すれば、其著者が経学に於ける立場は何如《いか》なるものであつたか、書の特質は何如なる処に存するかを推察し得べし。尤《もつとも》此に注意すべきは、彝尊は極めて博覧にして、且つ蔵書に富むで居た（八万巻）（集中に『吾妻鏡』の跋あり）人にて、其人が未見といへば大概ないものに極まつて居、又佚とあれば実際世に存せざる事を断定し得るが如しと雖、如何《いかん》せん、彼は康熙時代典籍の割合に少なきときに生存しゝ人にて、乾隆のとき四庫全書館開かれてより種々の珍しき書籍出でたるが、其中には彼佚と明言したるものあり。又未見とありて、今日は誰れもが見て居る書もあり。殊に近年仏国のペリオ、英のスタイン等が支那の西陲燉煌《せいすいとんこう》の千仏洞にて発見し、目下巴黎《パリ》・倫敦《ロンドン》の博物館・図書館に貯蔵されつゝある古写本内には、宋以後散佚せしもの寡《すく》なしとせず。宋以後の人の佚なりと信ぜる有用なる且つ珍なるもの、多く今日見るを得るに至れり。有名なる『論語』の鄭玄《じょうげん》の註は断簡ながら入れありたり。故に此書にある存佚闕の語未だ以て然なりとなすべからず。後に出でたるものを考慮に加へて此書を見ば、大に力を費さずして経学の大体に通じ得べきなり。*

＊　神田喜一郎『敦煌学五十年』（一九七〇　筑摩書房）
王重民『敦煌古籍叙録』（一九五八　商務印書館）
貝塚茂樹「論語の鄭玄注について」（『貝塚茂樹著作集』第九巻　一九七六　中央公論社）
『東方学報京都三十五――敦煌研究』
金谷治『唐抄本鄭氏注論語集成』（一九七八　平凡社）

『経義考』に関聯して参考すべき書は、謝啓昆の『小学考』にして、『経義考』に経学の内小学（音韻・訓読・字典の意）に関する書を載せざるを以て、之れを補うたるものにて、勅撰、訓詁、文字、声韻、音義の五類に分つ。記述の体裁は一に『経義考』に同じ。*

＊　羅《ら》福頤《ふくい》録『小学考目録』一巻（大同二年　一九三三　上虞羅氏石印本）

以上に述べたるは大部の書なるが、これより簡便なる目録書に就いて見む。其の一は『書目答問』、此れは諸君も御承知の事と思ふが、彼の張之洞が光緒元年（一八七五）四川学政たりしとき著はせるものなり。学政とは一省の学事監督官にして、勅命を帯び朝廷より派遣せらるゝもの。故に其の人の学問、直ちに一省の学風社会に影響す。学生と学政は師弟の関係あり。一生門下生なり。支那にて学問によりて大臣となるものは、一度学政をなし、門下生を養ひ出世せるなり。張之洞《ちょうしどう》は学政の時、初学者に答へて其読むべき書、又其書何の本によるべきかを示したるものにて、経史子集の重なる書目を挙げ、且《かつ》各書の下には、簡単なる注意を載せて居るが、流石張之洞の著述丈ありて、中々見識あり。書目中一行下にさげて書きたる書籍は特に重要なるものにあらず。あとまわしにすべきものを示せるなり。又此の書の末尾に、国朝著述諸家姓名略の一門ありて、清朝学者の経学文章に於ける流派を示す。これも亦極めて必要なり。

凡そ経学でも文章でも、或る人の著述を読むには、其流派を知る事肝要なり。例せば、此の著者は漢学派に属する人であるや、又史学派に属する人か、理学派・朱子派・陽明派の人であるとか、又文章に於いても、所謂《いわゆ》る古文派たるか抑《そもそも》駢体《べんたい》派たるかを預《あらかじ》め知りて、*然る後其書を読むことを必要とす。

＊ 先秦・漢代の文体を古文という。駢体は四六駢儷体、四六文ともいわれ、古文に対し、六朝時代に流行した文体〔本書「漢文釈例」の「四六文」に例がある〕。

尤此れは清朝人の著述に限らぬ事なり。日本にては、文章は中世以後古文に限れりとするも、支那にては然らず。古文派にても多くの別あり。或る学者は四六文を真の文章なりとせり。兎《と》に角《かく》も書を読むには先づ其の学問の筋を知り、而して後読むべきなり。此の書は有益なり。*

＊『書目答問』には種々の版本があり、版本によって異同が存在する。『愼始基斎叢書』所収のも

のには趙祖銘の校勘記がついている。

『書目答問箋補』四巻　清江人度撰

范希《はんき》曾《そう》『書目答問補正』坿録二巻（一九六三　中華書局）

猶張之洞の著書を述べたれば、其の序に彼の著『勧学篇』（光緒二四年、一八九八）に就いて一言すべし。此れは前に挙げた書よりは二十年程後に出来たるものにて、此の頃となるや彼の考へも変化せり。同書内に守約の一編あり。蓋し之洞は当時支那の政治家中にては、先づ進歩主義を抱きたる人にて、支那を富強ならしめ列国と競争するには、西洋の学術を輸入して之を盛《さかん》ならしめざるべからず。然らば支那人は今後旧学を捨つれば可なるかといふに、決して然らず。旧学が根柢にて、其素養がなくては縦令《たとえ》西洋の学術に秀でたりといっても、支那人としては其学術を応用する上に不都合なり。然るに従来の旧学は学者が一生の力を費しても猶足らざる位のものにて、到底旧学と西洋の学術と共に修むること能はず。故に寧ろ旧学を廃して西洋の学に全力を注ぐを可となすの説出づるかも知れんが、旧学とても専門にやるには一生涯もかゝるけれども、唯根柢を養ふに留め、其読むべく学ぶべきものを精選して、其数を少なくしたら決して西洋学問の妨《さまたげ》となるべからずとて、経史等に就きて読むべき書籍の名を挙ぐ。而して是等は五年十年で出来ると云へり。此れは『書目答問』よりも一層簡約なるものにて、能く要領を得。これは支那人士が漢文の素養をつくる目的を以て挙げたるものにして、又其中には、支那人には必要なるも、日本人に必要ならざる書籍もありて、一概には言はれざれども、大概に於いて之洞の挙げたるものは、頗《すこぶ》る要領を得たるものといふべし。彼は政治家にもなりし為め、彼の学派は他と異なれり。彼は学問に寛大にして、単に漢学派のみならず、程子らの事も云ふ。よく要を得たり。

『書目答問』と並びて『輶軒語』あり。これも四川の学政として、学生に対して学問のやり方を教えたるものにて、学政は一省の学生の品行学問に対して監督の責任ある故、初めに道徳に関する訓戒などもあるが、此等は抜きにして、其内に語学、語文、学究語の三章あり。これは一読の価値あるものにて、経書を読む心得、史を読む心得、子を読む心得、古人文集を読む心得、一般読書法について述べて居るが、此等は日本人が読んでも大に有益なり。訓詁等の事も述べたり。例へば文章を読むには選集を読むべからず、全集を読むべしと云ひ、其他種々親切なる注意あり。尤之洞の目的は支那人に対して述べたもの故、其須読といつた中にて、特種の人はいざ知らず、普通に漢学をやるものに不必要のものもあり。周髀（数学）素問（医学）などを并《なら》べて居る。是れは何事も先づ支那のものを中心とし、後西洋のものを倣へとの偏見より来れるなり。それから時文の事あり。日本にては公牘文《こうとくぶん》等を時文と云ふも、支那にては斯くの如きものにあらず。八股文*を言ふ。是れは試験答案を書く細かき条目あり。後にはその文章の内容よりも、形式に重きを置く。この条目に合する八股文を時文と云ひ、又制芸とも云ふ。

＊　明清時代の科挙の答案に用いられた文体。対句形式を極度に重んじた。(1)破承(2)起講(3)入題(4)起股(5)虚股(6)中股(7)後股(8)結足からなる。中でも(4)―(8)が中心の部分であり、この四股には二つの比と称する対句が要求される所から、四股に二比ありというので八股と呼ばれる。

これは普通の文章には大害あり。前清には排斥さる。時文への注意は不必要なり。これらを除けば、諸学者の参考になるべし。

「読経宜明訓詁」「宜読国朝人経学書」「治経宜有次第」「詞章家宜読専集」輶軒語

支那学関係の西洋の書目　予は先に西洋人の支那の哲学・宗教・文学・地理・歴史・考古学に就き研究したる結果甚大なるを云へり。近年は英仏独露の支那学者にして、各種の方面に於ける著述又は雑誌に掲載する論文甚《はなはだ》多し。西洋の図書館には多くの支那の書を集めよく研究せり。されば此れ等の蔵書目録は参考となる。其の第一は仏国にして、独逸の図書館にては、膠州《こうしゅう》湾を中心として、山東省の地理の書を主として集む。露国は其の領土発展の野心上、内外蒙古満洲に注意し、仏蘭西又南方支那に着目して、ハノイ以南の風俗言語を調べつゝあり。彼の地の図書館に入れば、一見各国の支那に於ける勢力圏を知り得。是れ等の研究は学問研究のみならず、実用的よりも秩序的にやりつゝあるは注意すべく、露のモスコウの図書館には支那の書多し。現在にては殆んど読む人なきも、誰か利用するもの出づべしとて、多く集めつゝあり。其の遠大なる考へは敬すべし。尤西洋人が難解なる漢字を読みてする事なれば、経書につきての研究の如きは支那人より見れば、随分間違も少なからざれども、其中には有益なる著述論文もありて、西洋人の作なりとて之を軽蔑するを得ず。殊に支那学の上にて、歴史地理の方面、支那と塞外民族との関係、印度アラビヤ若《も》しくは南洋との交通等の問題を調ぶる人には、西洋人の論著を参考とすること必要なり。支那の事物につきて西洋人の論著したるものゝ詳細なる目録は、仏国学士院の Henri Cordier の編纂に係る Bibliotheca Sinica, Dictionnaire Bibliographique des Ouvrages relatifs à l'Empire Chinoise. Paris 1904–24 あり。これは年々編纂し増編せるものなり。*

＊　一九二一―五七年に出版された、英仏語の文献リストとして Tung-li Yuan "China in Western Literature"（Yale Univ. 1958）がある。

これには多くの論文を収めて、記して余す所なく、我が日本人の書きしものにても、事いやしくも支那に関するものは載せたる頗る有用の書なり。漢文の研究に外国語を応用せんとする人は、此目録によりて従来支那の事物に関し、如何なる研究がなされしかを知り、然る後基本の書を読みて参考の用に供する事を得べし。*

＊　邦文の文献目録を挙げておく。

『東洋学文献類目』（京都大学人文科学研究所）

これは最初東方文化学院京都研究所が『昭和九年度東洋史研究文献類目』として発刊したものに始り、一九六一年に『東洋学研究文献類目』となり、更に一九六三年度分より現在の名に改まった。毎年その年度内に（二年度をまとめて刊行した時期もあるし、第二次大戦直後は五年分（昭和二十一―二十五年）を一冊にしたこともある）発表された単行本及び雑誌論文を、邦文、華文、欧文を問わず集め、類をもって分けて編纂している。著者別索引が附されている。

又雑誌『東洋史研究』（京都大学文学部内東洋史研究会）や『中国文学報』（同中国語・中国文学研究室）の巻末にも、近刊叢欄があって、単行本・論文を撿索するのに便利である。

『邦文歴史学関係諸雑誌東洋史論文要目』（一九三六　大塚史学会）

昭和四年（一九二九）までに発表された雑誌論文は之によって知る事ができる。

『日本における東洋史論文目録』（一九六四―六七　学術振興会）

『東洋史料集成』（一九五六　平凡社）

平凡社の『世界歴史事典』の附録として作られた。この時点までの研究の動向を知るのには便利である。

中国の文献目録

于式玉編『日本期刊三十八種中東方学論文編目附引得』（一九三三）

于式玉・劉選民編『一百七十五種日本期刊中東方学論文編目附引得』（一九四〇　燕京大学図書館）

『国学論文索引』正編―四編（一九二九―三六　中華図書館協会）
正編は北平北海図書館、続編は国立北平図書館、三・四編は劉修業編
『文学論文索引』正編―三編（一九三二―三六　中華図書館協会）
正編は陳璧如、続・三編は劉修業編
章群『民国学術論文索引』（一九五四　台北中華文化出版事業委員会）
王庸・茅乃文同編『中国地学論文索引』正続編（一九三四―三六　国立北平師範大学国立北平図書館）
余秉権『中国史学論文引得一九〇二―六二』（一九六三）
中国科学院歴史研究所編『中国史学論文索引』（一九五七）

外国にて発行されている主要なる雑誌を挙げておく。

Archiv Orientalni（Praha）
Arts Asiatiques（Paris）
Asia Major（London）
Asiatische Studien, Etude Asiatiques（Bern）
Bulletin de l'Ecole Française d'Extrême-Orient（Paris）
Bulletin of the school of Oriental and African Studies（London）
Harvard Journal of Asiatic Studies（Cambridge）
Journal Asiatic（Paris）

Journal of the Royal Asiatic Society（London）
Museum of Far Eastern Antiquities（Stockholm）
T'oung Pao（Leiden）
Zeitschrift der Deutschen Morgenländeschen Gesellschaft（Leipzig und Wesbaden）
Вестник Академии Наук СССР.（москва）
大陸雑誌（台北）
中央研究院歴史語言研究所集刊（台北）
文史哲学報（台北）
文物（北京）
北京大学学報（北京）
考古（北京）
考古学報（北京）
歴史研究（北京）

第三講

余は此に於て目録学の一斑を述べたり。前にも述べし如く、目録学は学問の門径にて、此れによりて或る事項を研究せんとするに、何書を読むべきか、又其書は何本を良しとするか、知ることを得べし。

さて吾輩は此の如くして書を読むに、又種々の困難に遭遇すべし。即ち第一漢文に典故を多く用ゆ。一《ひとつ》の文章にありて、昔の経書諸子歴史等の文句を自由に引用して居る。蓋し支那人は尚古の癖ありて、一の文章を書くに自分の思想を単に表はすのみならず、それを表はすに必ず経書・諸子・歴史等の文句を引用せねば読者に強き観念を与えられず、物にならぬ様に考へて居る。此れも作者が引用する場合に、「某書云々」と其引用したる書名を挙げて居れば、直《ただち》に其本書に就いて之を調べ、本書が先秦以上のものならば、大概注解がある故に、之に就いて其意義を解するを得。然れども、漢文には多くの場合に於て「某書曰云々」と明記せずして、作者が地の文章の中に織り込んで居る。而して是れを能《よ》くするが文章上手なりと考ふ。故に古典の文を使用しあるも、よく注意せざれば、往々それが古書の文句を用いたものである事の分らぬものさへあり。西洋の文章なれば外の文を引く時には特に注意あるも、支那にては全く之を欠く。其一例を挙ぐれば此に「人之患在㆔好為㆓人序㆒」といふ一句ありとせん。此れは顧炎武『日知録』の一節にして（巻十九　書不当両序）、近人書を著はすときは、知名の士に序を乞うて、以て其書の価値を増すを謀るの風あり。知名の士亦妄《みだり》に人の請を納れて序をかく、これ理なきの甚しきものたりとの意にて、結末に前の一句を挙げたり。此れ文字の解釈よりするときは、別に六ケ敷《むつかし》きことの如く見えざれども、以上の解釈では未だ十分とはいへず。此れは諸君も御承知の通り、『孟子』（離婁上なり）に「人之患在好為人師」といふ言葉あり。顧炎武はこの『孟子』の言葉を用いたるものにて、『孟子』の文句をもぢりて使用したる所に面白味あり。

一体支那人には文章の上に於ても、又言語の上に於ても、或意味を表はすに、自分が新《あらた》に文句を綴立《つづりた》つるより、古典の文句を其儘《そのまま》使用する方が、多くの感動を与ふるものなりと考ふ。前に引きたる『日知録』の著者なども、好みて古典の文句を使用する方なるが、『日知録』の内に例せばかゝる文句あり。

「予聞在レ下有レ鰥、所二以登庸一、以比二三凶不才一、所二以投畀一、雖二二帝之挙錯一、亦未二嘗不レ詢二于芻蕘一」云々（巻十三清議）

此れは官吏を登用するに、唯一回の学術試験を以て極むることをなさず、当人が其郷里に於ける平生の信用如何《いかん》を審《つまびらか》にして、然る後登用すべきを論じたるものなるが、僅か三十余字の中に種々の典故あり。即ち「予聞在下有鰥」の六字は『尚書』堯典よりとりしもの、「以比三凶不才」は『左氏』文十八年の文、「登庸」も堯典の文、「投畀」は『詩』小雅巷伯中の文、「挙錯」は論語、「詢于芻蕘」は又『詩』大雅板篇より取りたるものなり。

漢文の典故にても、四書位より出たるものならば、別段骨を折らずとも宜しきが、五経となれば、此れは何より出たものであるかといふ事を一々知ることは中々六つヶ敷きなり。典故に二通りあり。普通に使用されて何人も知つて居るものと、しからざるもの（僻典《へきてん》）とあり。漢文でもかく典故を使用するに巧拙ありて、唯学問の博さを衒《てら》ふやうに見えては、いや味ありて読者に反感を起さすれども、否《しか》らざるときは同じ意味を言表はすに、自分で新しく文句を製するより、典据ある文句を其儘使用する事によりて、より多くの印象を与ふる事あり。何国の文学にもかゝる事はあるべけれど、古典が学問の本の基礎となつて居る支那にありては、殊に然りとする訳で、古典にある成語は独り文学に用いらるのみならず、日常の官文書でも、尺牘《せきとく》などの上にでもよく用いられて居る。儀式ばりたる手紙の如きは、中々成語の使用に注意せるものあり。此に支那人が典故を尊ぶ例として一の可笑しき話あり。十年前張之洞が総督たりし時、或る日本人武昌に聘《へい》せられ、飜訳をなす事能はず。支那の官吏が其怠慢を責めたれば、「日計之而不足。歳計而有余。」と書いて見せた。つまり毎日きちんとやらず、分量不足すれども、他の日に一日分量以上をする事なれば、一年の後之を総計すれば、決して不足する事はなかるべしとの意にして、此れは『荘子』中の語なり。日本人は其荘子の語たるを知りて用いたりしや否や分らざれども、支那官吏は能《よ》く其意味が分り、其後何とも督促がましい事を述べざりしといふ。

さて古典の使用は支那人は上手なり。例へば対句などもぢりて直ちに使用し又応用するなり。此等の典故の内に尤《もっとも》普通に使用されて、何人も知つて居るものあり。又或人は普通に使用されて居る典故を使用する事を嫌ひ、殊更に、余り人の知らざる典故即ち僻典を使用して人を苦しむる事あり。又穴勝《あながち》僻典にあらずとも、博洽《はっこう》な学者でも普通人の読む書に出て居ながら、知らざることあり。四書五経などは、支那人は幼年に素読して暗誦するから知りて居れど、其他は中々そうはいかぬ。

昔清朝の初めに閻若璩《えんじゃつきょ》といへる大学者あり。尚書徐乾学《じょけんがく》の邸に至りしとき、乾学問うて曰ふ。

「予今晨起居注に直す。上問ふ。古人言ふことあり。使功不如使過と、此語の出処何如と。予対《こた》ふる能はざりき」と。其時若璩は宋陳良時に「使功不如使過論」あるを以て答へたり。然れども当時此語何書に出づるを知らざりき。

「越十五年、読唐書李靖伝、高祖以靖逗留、詔斬之、許紹為請而免、復率兵破開州蛮、帝謂、左氏曰、使功不如使過、果然矣、謂即出此也、又越五年、読後漢書独行伝、索盧放諫更始使者勿斬、太守曰、夫使功不如使過、章懐太子注、若秦穆公、赦孟明而用之、乃知全出於此、甚矣、学問之無窮、而人尤不可以不年長也」

といひしとぞ。若璩程の人にて、此語の出処をば知らざりしなり。尤支那人は前に申す如く、四書五経などは暗誦し、又記臆に強い。それに支那は昔科挙を受け、殿試を受けて策論をかくときは、典故を使用せねばならぬから能く覚えて居るが、実は彼等とても漫然羣書を読みて、之を覚えて居る訳にあらず。これには又試験準備用の書籍ありて、此によりて無暗に暗記して居るが、これはつまらざるものなるも、支那には此試験用の書籍以外、典故故事を集めたる書籍が、随分古い時代より出来てをる。

此等の書籍を従来「類書」と呼んで居る。故事熟語字典にも当り、又百科字典にも該当す。何故に類書といふかなら、其書の内容、事類によるか、韻によるか等して分類排列されて居るからで、例せば天部、地部、人事部、疾病部、学部、獣部、木部、竹部等の大部に分れ、それが又小目に分れて居る。勿論各〻類書により分類さるゝ名目は相同じからざるものと知るべし。但此類書なるものは、西洋の Encyclopedia Britanica とか Meyers Lexicon といふ具合に検索の具合が容易でない。Encyclopedia, Meyers ならば一の言葉を Alphabet の順にて繰る丈《だけ》なれども、支那の類書は中々そうはいかぬ。或事柄が其性質より某部に入りて居ると思ひ、案外他の部に入り居ることあり。又支那の百科字書が前に述ぶる如く、事類により集めらるゝを以て、字書を検するより先きに、或る文句に就き、其大体の意味を知り居ること必要なり。これは政治の事に関するから治道部を検するとか、又孝子の事を記するより、人事部の孝の目を検《し》らぶるといふ具合に、或る文句につき大体の見渡しをつけ、然る後類目を選み之に当るべし。かくして検索し得たるときは、多くの類書には、其引きたる文句に「某書に曰く云々」と出て居るから、猶《なお》類書丈にて分らぬときは、「某書にて云々」とある某書に就いて見るべし。而して其書が先秦の古書であれば、大概注釈があるから、其意味が一層分り、先秦古書にあらざるも、『漢書』『後漢書』といふ如き注釈の附いたる書なれば、大《おお》いに都合よろし。又此の類書は故事熟語のみならず、或る事柄に就いて調ぶるに当り、之を読めばそれに関する種々の事並べあり。故にこれより大体の知識を得べく、さらに遡りて原書を検索し得る得あり。

支那の典籍は古昔より浩瀚のものなりし故、類書の必要も早くより認められしものと見え、魏文帝の黄初中（二二〇—二二六）に散騎侍郎劉邵《りゅうしょう》等に命じて、五経羣書を集め類を以て相従はしむ。凡《およそ》千余篇、号して『皇覧』と云ふ。これが支那に於ける類書の始めにして、千余篇とあれば余程大部の書たりしことを知る。『皇覧』の後、南北朝より唐にかけ種々類書出づ。梁には『華林遍（編）略』唐志徐勉『華林遍略』六百巻、『類苑』唐志劉孝標『類苑』一百二十巻あり。北斉に『修文殿御覧《ぎょらん》』唐志祖孝徴（名珽）等『修文殿御覧』三百六十巻、唐に『文思博要』唐志高士廉房玄齢魏徴等『文思博要』一千二百巻目十二巻等あり。此等は今日殆んど散佚して伝はらず。唯『修文殿御覧』のみ先年仏国ペリオ氏が燉煌千仏洞に於て発見せし古抄本の内に、断片として散在せるを発見して其の面影を窺ひ得るのみ*。然れども、唐宋の時代に成りし類書にて、今に存するもの亦少なからず。此事を一応下に申すべし。

＊『皇覧』一巻　魏劉邵王象等奉勅撰　清孫馮翼輯　問経堂叢書
『修文殿御覧』北斉顔之推等奉勅撰景唐写本　鳴沙石室遺書（羅振玉）所収
森鹿三「修文殿御覧について」（『東方学報』京都三十六）

一体類書といふものは、今日まで沢山出来て居る。前清康煕時代にも、御承知の通り『淵鑑類函』とか、『佩文韻府《はいぶんいんぷ》』などいふ調法な物が出来て居るが、此等近世に成りし類書は、多く唐宋時代に成りし類書に依りて編纂されしものにて、一寸分らぬ事を調ぶるには、類函、韻府を見れば宜敷《よろし》けれども、何か学術研究をなし、論文でも作るといふ場合には、類函にあるとか、韻府にあるというた丈では不可なり。必ず其本に溯らざるべからず。要するに此の両書は通俗のものなるなり。徳川時代に於ける我国の学者の著述には、往々支那人を尊敬して類函や韻府を引くものあれども、支那の学者は決して然らず。矢張《やは》り唐宋時代に成りし類書を引きて居る。此れ唯古い類書たるの故にあらず。それが尤確かなればなり。支那にては西洋が新しきもののよきに反し、古きものがよきなり。余は下に唐宋時代に成りし類書の全体を述べざるべし。前に述べし目録書の例により其重《おも》なるものを挙ぐ。

唐宋時代の類書

㈠『芸文類聚《げいもんるいじゅう》』一百巻　唐欧陽詢《おうようじゅん》撰。本書は詢が太宗の詔を奉じて、諸儒と共に撰し、ものにて、詢一人の手に成りしものにあらざれども、彼が編纂主任たりし故に、通例其撰となつて居る。此書隋以前の書を聚《あつ》め、天部・歳時部より災異部まで、凡四十八部に分ち、其各〻に亦種々の門目あり。各門目の初、隋以前の典籍より此に関する文句を列し、最後に詩賦銘賛を列す。隋以前の遺文秘籍散佚するもの甚《はなはだ》多し。予輩は此書に依り隋以前の不明なる作家詩賦を知る事を得。此書の貴重すべき所以なり。*

* 明の嘉靖年間の胡纘宗刊のものがよく、万暦中の白下王氏刊本は劣っているとされる。

一九五九年、宋紹興刊本――闕巻《けっかん》は嘉靖刊本で補う――が、中華書局より景印され、さらにこれを底本に一九六五年、汪紹楹の校訂した排印本が出版された。

中津浜渉『芸文類聚引書引得』（一九七二）

㈡『北堂書鈔』一百六十巻　唐虞世南《ぐせいなん》撰。此書は唐の虞世南が未だ隋の臣にして、秘書郎たりしとき秘書省*の北堂に於て羣書を参考し、其中より熟字を抜出して、類に応じて排列しゝものなるを以て、『北堂書鈔』といふ。

＊　禁中の書籍、古今の文字を扱う。長官は監。隋代には著作・太史の二曹があった。

其目的重《おも》に作文の資となすにありて、『芸文類聚』と頗《すこぶ》る趣を異にす。主として五六字の熟字を並べ、或る分類により並べあり。然れども熟字の下に注あり。其出処を明《あきらか》にするを以て、吾輩は已に其本源に溯ることを得るなり。文学上必要なるも、事柄を調査するに適せず。*

＊　『北堂書鈔』一百六十巻　唐虞世南撰清孔広陶校注　光緒十四年（一八八八）南海孔氏三十三万巻堂摛孫忠愍侯祠堂旧板景宋本重刊

即ち清の孫星衍《そんせいえん》が嘉慶中に、元の陶宗儀の序のある鈔本を手に入れ、厳可均らに命じて校勘させたが、未完で終ったものに、孔広陶が校訂を加え出版した。

山田英雄『北堂書鈔引書索引』（一九七三　采華書店）

㈢『初学記』三十巻。唐徐堅等、玄宗の詔を奉じて撰す。此書二十三部三百十三目に分

つ。各目の初めに叙事あり。次を事対とし、末を詩文とす。例せば人事部忠の所を見ると、叙事に

「韓詩外伝曰、忠之道有三、有大忠、有次忠、有下忠、云々」

と忠に関する古書の文句を綴りて一篇の文を作り、其次に事対に於ては、又忠に関する事蹟に就きて対句を集む。「石錯滅親」と「楽羊食子」、「抉目《けつもく》」と「剖心《ほうしん》」、「銜鬚《かんしゅ》」と「瞋目《しんもく》」と云ふ如き対句を挙げ、其下に一々出処を示す。これも詩を作り又四六文を書く人の為に各〻の典故を出して之を採取せしむるの目的に出づ。最後に詩文即ち忠に関する古人の作例を示す。即ち「太宗皇帝祭比干文」とか「梁元帝忠臣伝序」といふ如きものを列べて居る。第二の北堂書鈔に似たり。*

＊　明安国重校刊本及び古香斎袖珍本《しゅうちんぼん》がよく、明刊本の影印本が出版されている。また古香斎袖珍本を底本にした排印本（一九六二　中華書局）が刊行されている。
『初学記校』八巻　清陸心源
白木直也『初学記所引書目稿』（『広島大学文学部紀要』四　一九五三）
中津浜渉『初学記引書引得』（一九七三　私家版）

以上三書は皆唐時代に成れる類書にして、排列の具合も多少殊なるが、余の見る所を以てすれば、『芸文類聚』尤好く、『初学記』之に次ぐ。而して『北堂書鈔』は其次なり。斯くの如き類書が唐代に盛《さかん》に起りしは、蓋し唐は詩賦を以て人を取り、学士心をここに傾く。而して詩賦を作るに典故を知るを以て必要となす。これらの類書なるもの多き所以なり。尚唐時代の類書にて、今日に存し有名なるは、彼の白居易の作りし『白氏六帖』三十巻*今は宋孔伝の撰せし後六帖と合し『白孔六帖』といふ凡一百巻あれども此に之を略にし、宋代の一大編纂物たる『太平御覧』に就いて述ぶる所あるべし。

＊『白氏六帖事類集』三十巻　民国二十二年（一九三三）呉興張氏用江安傅氏蔵宋本景印

『唐宋白孔六帖』一百巻　明刊本

㈣『太平御覧』一千巻　宋の太宗の太平興国三年（九七八）に翰林学士李昉《りほう》等勅を奉じ、前代の『修文殿御覧』『芸文類聚』『文思博要』及び諸書を参詳し、門を分ちて編纂せしむ。門の数五十四、頗る大規模の類書にして、当時の詔《みことのり》に

「包括群書、指掌千古、頗資乙夜之覧、何止名山之蔵、用錫嘉称、以伝来裔」云々

とありて、初め『太平総覧』と名づけしを、『太平御覧』と改めたり。此書の編纂二年より

四年に及びしが、毎日三巻づつを奏上するに、帝は一々之を御覧ぜられ、一年にして読了されたりといふ。

さて此書の首に引用書を掲ぐ。其数凡一千六百九十種にして、雑書、古詩賦は尚其外にありといふ。其徴引浩博なるを知るべし。然るに説をなすもの謂へらく。此等の引用書は御覧編纂のときは已に散佚して伝はらず。御覧は前に述べたる前代の類書『修文殿御覧』以下の類書を撮録したるものにして、一々原書に当りたるものならず。原書は宋初に存するもの已に少なかりしなりと。又此説に反対し、御覧は必ずしも前代類書を其儘採りたるものにあらず。巻首にある引用書を参考したるものと論ずるものありて、其争決せざりしが、前に一寸述べたる『修文殿御覧』、乃《すなわ》ち支那に早く散佚したるものが、近年燉煌の千仏洞から断片ながら発見されたり。之と『太平御覧』と比較するに、（『修文殿御覧』の断片は鳥部中鶴類鴨類鵠類雉類）、御覧が『修文殿御覧』より取りたる痕跡歴然たり。即ち『太平御覧』の十分の五六は『修文殿御覧』に出て、十分の二三丈は『芸文類聚』に出づるを知る。宋初に御覧の巻首に掲げたる引用書が尽《ことごと》く存せざりしとの想像は、恐らく正碻なるべし。前に述べし如く、支那の類書なるものは、後世になればなる程形式は整ふと雖《いえども》、要するに、前代にありし類書を集めて採録したるものにて、採録する間に、色々誤謬も多くなる次第にて、『修文殿御覧』と『太平御覧』とを比較せば、前者の方が宜しき事は論なし。現に両者を比較して見れば、『太平御覧』の採録した具合の拙劣にて、修文の方は長き文章になつて居るものを、其の一部分を引抜いたり、又『修文殿御覧』の方には注があるのに、太平の方にはない処もあるといふ具合に、太平の方が劣つて居る様にも思はれる。日本にも王朝時代に類書あり。『秘府略』* 一千巻の出来たるこれなり。今日一二冊残れり。是れも『修文殿御覧』より写せるものなり。当時流行せるならむ。

＊滋野貞主（七八五―八五二）ら撰。引用書一五〇〇種に及ぶ。現存は二巻。大正十二年（一九二三）前田家蔵本を用いての影印本があり、昭和四年（一九二九）「古典保存会」複製書も出された。なお『続群書類従』にも収められている。

然し『修文殿御覧』は良きも、不幸にして散佚せる今日にありて、此書程役に立つものはなし。尤も前に述べし如く、唐の類書にて三種も世に伝はり居れど、分量に於て太平の方が多い。大概の事なら此書より引張り出す事が出来るから極めて便利なり。序《つい》で《た》に申し度きは、類書に限らぬ事なれども、殊に類書に必要なる注意は、文字の校正よく行届いて居らぬこと也。折角我輩が類書を引き張りても、文字に誤りがあつては何にもならぬ。御覧を利用するにつきても、此注意は肝要なり。御覧は其板幾通りもあり。一番宜しきは宋版なれども天下に一本よりなし。（日本の東福寺にあり）之を得ることは到底駄目なり。明のとき御覧の板三通りもあれど、明の本は校正が疎漏なれば不可なり。清には鮑刻（鮑崇城）と張刻（張海鵬）とあり、張刻をよしとす。又我国にも幕府時代に刻されし活字版の御覧あり。宋版に因りしものなるを以て信拠すべし。近時此書支那に渡り、支那の書店に架せらるゝを見る。又上海にて出来たる石印本は鮑刻によりしものなり。鮑刻も宋版に本づくと称すれども頗る疑はし。矢張り張刻と本邦の活字版尤宜し。*

* 本邦の活字版とは安政二年（一八五五）江都喜田邨《きたむら》氏学訓堂拠宋本校活字印をさす。
現在では四部叢刊第三編所収のものがある。これは我が国の帝室図書寮、岩崎静嘉堂文庫、京都東福寺蔵の宋刊本により、闕巻は日本聚珍版本を以て補ったものである。なお台北新興書局刊国学基本叢書本は、四部叢刊本によっている。
『太平御覧引得』（哈仏燕京引得　二十三　一九三五）
これは篇目と引書引得であり、
銭亜新『太平御覧索引』（一九三四　商務印書館）
これは篇目の索引である。

『太平御覧』の事を述べたる序《ついで》に、同じく太平の名を冠する『太平広記』に就いて一言すべし。此れも御覧と殆んど同時に始まり先に出来たり。且編纂者も殆んど同じく五百巻もある大部の書なるが、これは御覧とは多少趣を異にして、唐時代其以前になりし、野史・伝記・小説を分類編纂せしものにして、一々其出典を示せり。一体支那にて、六朝頃より小説文学が出現し、それが唐時代に於て盛に行はれ、又種類も中々多かりき。

（備考）小説というても宋元以来俗文を以て書きし小説とも違ひ、又今日の所謂小説とも違ひ、怪談の性質を帯び、雅文或は純粋の四六にて書きしものなり。即ち一は怪談にて、其内にも神仙談あり、鬼夜叉に関する物語あり、又動植物の怪異を記するものあり。此等は道教に本づく怪談とも見らるゝが、又仏教の因果応報の説を述べたるものあり。又怪談小説の外に寓意小説とも云ふべく、怪談には相違なきも、怪談其物を語るにあらずして、別に或る意味を寓するものあり。又男女の情事を主として、此に怪談を加へたるものあり、又詩物語として、或詩を中心としてこれに関する本事を面白く書いたるものあり。唐時代の小説実に盛なものであるが、此書は総《す》べて之を網羅し、或は本書の一節を抜きたるものあり。又全部を入れたるものあり。而してこの書の引きたる原書は今日に存するものあれど、今日に存せざるもの遥《はるか》に多し。即ち我輩が唐時代及び其以前の小説を調ぶるに、此書に越したることなし。*

＊ 嘉靖四十五年、談愷校刊本が出て、本書はようやく通行するようになった。一九五九年の北京人民文学社刊は、談刻本を底本として、他の刻本や鈔本、刊本を参考にしている。
鄧嗣禹『太平広記篇目及引書引得』（哈仏燕京引得　十五　一九三四）
周次吉『太平広記人名・書名索引』（一九七三　台北芸文印書館）

抑々《そもそも》漢文を修むるものは、唐及び其れ以前の小説は参考書として必要なり。何如となれば、此等の小説は其出来た時代が古いから、後世の人は経史と同じく、小説に記載されたる事項を典故として用いるもの甚多し。故に小説其物には価値なきとしても、後世の詩文を解するに、これらの小説を知らずんば分らぬ事あり。又詩文以外、元以後に出来し戯曲などにも、此等小説の記事が多く骨子となつて居るから、戯曲の研究をなすには、其源たる小説を一通り心得居らざるべからず。*

＊　闕名輯『筆記小説大観』正編・続編（台北新興書局用文明本景印　一九六〇―六二　四部集要）
江畬《こうよ》経《けい》輯『歴代筆記小説選』（一九三四　商務印書館）
　一三〇種が集められているが完本でない。
佐伯富編『中国随筆索引』（一九五四　京大東洋史研究会）

又此等の小説は昔日我国人にも翫《もてあそ》ばれしと見え、それが国文の上に顕はれて居る。南柯記*・邯鄲記**などは誰れも其故事を知らざるものはなかるべきも、昔時有名なる物語にて、今人は余り知らざるもの甚多し。

＊　南柯記　唐の淳于棼《じゅんうふん》が酒に酔い、槐《えんじゅ》の木の下で寝ていて夢を見、大槐安国に行き南柯郡太守となった。こうして二十年を過した所で夢が覚めた。槐の下を掘るとそれは蟻の国であった。

＊＊　邯鄲記　枕中記ともいう。唐の盧生が邯鄲の宿で枕を借り、夢の中で栄華を極めた長い一生を送ったが、眼が覚めるとそれは宿の主人が黄粱の飯を炊いている間の夢であったという。

御承知の如く、『太平記』などには色々支那の物語が載せられて居る。我輩は漫然読過し、別に意を留めずと雖、一々其出典を質すときは中々分らぬものあり。*

* 狩野直喜「太平記に見えたる支那の故事」(『支那学文藪』一九七三　みすず書房)

其等の場合此書は恰好の参考書となる。

第四講

『太平広記』は一条ごとに出典が記載してあるにより、縦令《たとえ》本書に当らずと雖《いえども》、或物語はかく〳〵の筋にて、某書に出て何時頃出来た話たる事かを知るを得。又此書は所有《あらゆる》妖怪変化の談を集めたるもの故、一般支那社会の宗教思想若《も》しくは迷信の初まり等に就き、有力なる材料を得。

一体支那文学内には妖怪文学と申すべきか、怪談小説尤も行はれ、清朝に『聊斎志異』*などの書あり。

＊『聊斎志異』不分巻坿附冊一巻　清蒲松齢《ほしょうれい》撰　附冊文学古籍刊行社編輯部撰　一九五五年北京文学古籍刊行社用蒲氏手稿本景排印

前に申したる四庫全書館の総纂官たる紀昀《きいん》まで、此れ等の種類の書物として『閲微草堂筆記』*を書いて居るが、怪談の内容を調べて見ると大抵同じ。

＊『筆記小説大観』第一輯所収

即ち此種の小説書は沢山あるとしても、『太平広記』に収むる怪談の範囲を出ることとなし。一体此の怪談の作者は、古昔《こせき》にありては随分自己が之を信じて書いたものがある。又後世には信ぜざるも所謂遊戯文字にて、唯之によりて其文才を示すに止まるものもあるが、作者自ら信じて此種の書を著はせしと否とに関せず、必竟当時支那人の間にかゝる神怪な伝説があつて、作者因《より》て之を筆にしたものと見ることを得。又一方より言へば、作者が己の想像を以て、かゝる神怪談を書いた所よりして、新しき迷信を増加せしものも少なくないと思ふ。要するに、此書により一般の支那人に従来何如《いか》なる宗教思想や迷信有りしかを知るを得。現在独国伯林《ベルリン》大学漢文教授にホロート氏＊なるものあり。

＊ Jan Jacob Maria de Groot（1854–1921）一八九一年ライデン大学教授となり、一九一一年ベルリン大学に転じた。
"The Religious System of China" 二六巻を始め多数の著がある〔邦訳に牧尾良海訳『中国の風水思想』『タオ・宇宙の秩序』、西脇常記訳『中国の墓』など〕。

元来和蘭《オランダ》人なるが、多年「支那宗教」に就き研究をなし、大部の著述を出して居るが、彼は支那の風俗思想を調査するに、道教よりせざるべからずと。其の経典に道蔵あり。日本に一、支那に二あり。＊

＊当時道蔵の完全なるものは、日本には帝室にたゞ一部あるのみであったが、いまは中国で出版された景印本が各処にある。

此の人が著述中に多くの書を引けるが、之を読み見るに、此書より多くの材料を得て居る。以上述べたる種々の点より、『太平広記』の一書従来小説を録するものとして余り尊重されざるも、御覧《ぎょらん》と共に、漢文を修むるもの丶必ず参考すべきものと思ふ。

両書の編纂より幾《いくば》くならずして、太宗の子真宗の景徳年間に（一〇〇四―一〇〇七）、再《ふた》たび大部の類書編纂され、王欽若・楊億等其事に当り八年を経て成るを告ぐ。名づけて『冊府元亀』といふ。凡《およそ》一千巻、内容の分類三十一部、千二百四門に分れ各部に総序あり。各門亦小序あり。然後事実を列挙す。此書は序文に見ゆる如く、君臣の善迹《ぜんせき》を載せて後世の典法となすと云ふ事が主眼となり、同じく政治の事にても凡悖乱《はいらん》の事は尽《ことごと》く之を刪去《けずりさ》り、又異端小説の事は一切之を録せずとありて、之を『太平御覧』に比するに、記載の範囲稍《やや》狭し。勿論これは大体に就いて之を言ふ。御覧に記せざるものを此書にて見出す事もあり。又此書の欠点と申すべきは、御覧には皆「某書曰」と出処を挙ぐるを以て、直《ただち》に其源に溯る事を得れども、此書には全く出処を挙げず。故に此書を検《けん》して或事柄に就いて一切を知り得ると雖、其出典即ち何書より採録したるかを審《つまびらか》にする事能はず。これは類書として大《おおい》なる欠点と言はざるべからず。学者従来御覧と元亀と并称《へいしょう》すると雖、予は類書としては御覧の方遥《はるか》に有益なりと信ずるものなり。*

＊ 崇禎十九年（一六四六）序康熙補刊本が行われている。なお宋刊本の現存するものは五五三巻。その中の四七四巻が、日本の静嘉堂文庫にある。

内藤戊申・宇都宮清吉編『冊府元亀 奉使部 外臣部 索引』（一九三八　東方文化学院京都研究所）

宇都宮清吉「明板冊府元亀について」（『中国古代中世史研究』一九七七）

以上は官撰の類書なるが、猶《なお》其外宋の王応麟の『玉海』二百巻あり。応麟は非常に博学の人にして、其点よりするときは、宋代は無論、総《す》べての時代を通して此の如き人は幾くもなし。其名著に『困学紀聞』あり。経史子詩文等あらゆる方面に於ける意見を述べたるものにて、往々前人の誤謬を正せり。経学に於ても、此の人は朱子の系統に属すと雖、必ずしも一々之に従はず。其不可なりと信ずるものは、之を弁正して其是を求む。然れども、己の博覧を衒《てら》ひ、妄《みだり》に古人を軽蔑する風なく、極めて温厚なる学者的の人にして、その言つた所は大概誤りなし。*

＊ 寛文元年（一六六一）刊の和刻本あり、汲古書院『和刻本漢籍随筆集』に入っている。なお『四部叢刊』三編に収められたものは、江安傅氏双鑑楼蔵元刊本を用いている。

『困学紀聞注』二十巻　清翁元圻

此の種の著述には、清顧炎武の『日知録』*と匹敵すべきものにして、両書を読むときは色々な知識を与へらるものなり。

＊　康熙三十四年（一六九五）序、呉江潘氏遂初堂刊本がある。なお清黄汝成の集釈本が最も読み易いとされる。『国学基本叢書』もこれによっている。外に、昭和三十六年（一九六一）、京都狩野君山遺集刊行会が、北平図書館清康熙九年自序刊本、八巻の景印を行った。

『日知録之余』四巻

『玉海』もかくの如き博覧の人の作となし、材料豊富内容極めて整ひ、古事を検索するには頗る便利なり。殊に此人は宋末に生れ、宋一代の制度には極めて明な人にて、此書の中にも従来の史志に載せざるもの多し。此等の点に於ては殊に必要欠くべからざる類書なり。前に挙げ来りたる『皇覧』以下『冊府元亀』に至る迄、類書編纂の事の如きも此書の芸文門に詳《つまびらか》なり。是れも研究上大切なるものなり。予が諸君に御話したる事は大概此書より材料を取れり。近日通行の『玉海』には、『玉海』以外に同じく王氏の著述たる『詩攷《しこう》』、『漢芸文志攷証』、『小学紺珠《こんじゅ》』、『姓氏急就篇』等の書十三を附す。此等亦検索に必要なり＊。

＊　『玉海』二百巻　嘉慶十一年（一八〇六）江寧藩署刊本

『玉海』二百巻坿『校補瑣記二巻』清程大昌撰　光緒九年（一八八三）浙江書局刊本

『玉海』二百四巻　昭和三十四年（一九五九）京都大学人文科学研究所用京都建仁寺両足院蔵元至元六年慶元路儒学刊本景照闕葉用静嘉堂蔵元刊本景補

なお坿刻十三種とは『詩攷』『詩地理攷』『漢芸文志攷証』『通《つ》鑑《がん》地理通釈』『践阼《せんそ》篇集解《しっかい》』『急就篇（補注）』『周書王会補注』『漢制攷』『小学紺珠』『姓氏急就篇』『六経《りくけい》天文編』『周易鄭康成注』『通鑑答問』である。

例せば『小学紺珠』*の如き数に因りて部門を立つ。即ち漢文には数を冠する熟語甚《はなはだ》多し。四徳・五虐・六呂・六律・九錫《きゅうせき》・十悪・二十四孝といふ具合に、数字の頭につくものが限りなくあり。此等の事に就いて分らぬときは此書を見るべし。

＊ 小学紺珠（『和刻本類書集成』第二巻　一九七六　汲古書院）

尤《もっとも》数字を冠する熟語のみを集めたるものは他にもあり。清の宮夢仁《きゅうぼうじん》編纂し、『読書紀数略』*は此種の類書中にて尤備はれるものなり。又『御定駢字《ぎょていべんじ》類編』**の数目門にも、数を冠する熟字出て居るが、とも角《かく》後世にはこれらの書あれど、『小学紺珠』は此種類書中の最古きもの、その元をなせる名著なりとす。

＊『読書紀数略』五十四巻　康熙四十八年（一七〇九）刊本

＊＊『御定駢字類編』二十四巻　康熙五十八年（一七一九）奉勅撰。二字の熟語の頭字について編纂したもの。従来のこの種のものが、詩語を調べるに便するの為め、熟語の下字について分類するのに対する。殿本と光緒十三年（一八八七）上海同文書局石印本がある。

宋元明に懸けて所謂類書なるもの甚多けれども、『永楽大典』の如きは其の最も著しき一なるが、今は実用を主として説くものたるを以て、色々舒述するも詮なき事なれば省略し、最後に清朝の編纂物たる『図書集成』一万巻に就いて述ぶべし。『図書集成』は康熙（聖祖）のときに編纂を始め、其子世宗の雍正三年（一七二五）に終りしものなり。大部なる点よりせば、『永楽大典』に対比すべし。たゞ『永楽大典』は古今の書籍を機械的に全部若しくは一部を韻に応じて並べたるに過ぎざるも、此の書は必要なる所を類に応じて並べたるものなり。なお乾隆の時大典より多くの書を抜き取りたるものを、四庫に収めしことは、前に説きたり。

此書は天文、地理より芸術に至るあらゆるものを網羅し、古今の書より記載の議論詩文等を集めたるものなり。大部の書なるも検索に便利なり。此書は六の彙編とし、その一を典三十二に分ち、更に部とす。例へば学行の文学典、文学典の経籍部、経論部とある如し。次に四書五経と分れたり。多くのものはこゝに入れり。*

＊　文部省編『古今図書集成分類目録』（一九一二）

此書の編纂に関しては、かの『四庫全書』編纂の経過の明らかなるに反し、悉《くわ》しき事は明らかならず。或は初め此書に関係しゝ人に陳夢雷あるを知るのみ。されど此人後《の》ちに帝の怒に遭ひ流され、他の儒臣代りしが、誰なるか明らかならず。此書今日に三種あり。其一は此書の出来たる時、宮中にて鉛の活字を作り、版としたるものにて、此の印行に当りては、天主教の人々が助けたりと云ふ。(此書は昔は大切なりき。日本にては幕府の紅葉山《もみじやま》文庫にありしのみなり。雍正の序に源義経がその祖先なりとありと云ひ、人信じたりき。*) 第二は上海の申報館なる新聞社で作りしものにて普通行はる。今一つは西太后が特に勅して作らしめしものにて、㈡のものよりは大なり。

* 雍正の序に、このことは見えないが、稲葉氏ノートにかく見えるので、しばらく存しておく。

以上類書に就きて其概略を挙げたり。何れも皆必要のもののみなり。但《ただ》困却なるは西洋の百科全書などと違ひ、唯一部の類書を以て事足れりとする能はず。又一部の類書あれば、何如なる事にても其内に網羅さるゝと言ふ訳に行かず。『芸文類聚《げいもんるいじゅう》』に載する事必ずしも『初学記』にあると云ふ訳にいかず、『太平御覧』に載する事必ずしも『冊府元亀』にありといふ訳に行かぬ。故に理想を云へば、漢文を研究するには、以上挙げたる位の類書は左右に置かざるべからず。併し此書は随分中には高価なるものもありて、学校図書館にて書籍購入の経費充分ある所は、此を備付《そなえつ》けて利用すれば宜しけれども、一個人にして此等の書籍を尽く備ふることは頗る困難なり。殊に『図書集成』の如きは高価なるのみならず、分量が多いから、我輩の如き狭い書斎に置いては、置き場所に困るといふ具合なれば、先づ緩急を謀りて之を購ふを好しとす。余の考へにては、以上述べたる物の上にも、『芸文類聚』・『太平御覧』などあれば、先づ間に合せの事は出来ると思ふ。近頃は日本にて多く漢文の注釈本出来るも、彼等は多く上記の書より取れるものなれば、成る可く原本より引くを可とす。

それから類書を利用するに就て、一寸御注意致し置き度事は、類書を引きて己の調べんとする処が出て来るとき、例せば「某書云々」と引用されたる文に出遇うたとき、其某書なるものが佚書たらば、致方《いたしかた》ないから御覧により「某書にかく〳〵ある」と極めるより仕方ない。然れども若し然らずして、某書をして現存のものたらしめば、必ず一度原書に当る事必要なり。何故に必要あるかと云ふに、蓋し支那人の癖として、類書に或る書を引用するときは、必ずしも原書の儘にせず、時には文字を割裂し、又文章を改めたり、文字が多少違うて引用する事ある故、必ず原書と引合はさざるべからず。然れども又注意を要するは、類書に引くものと原書と文字の異同あるとき、直に類書を以て誤れりとなすべからず。何如《いかん》となれば類書が古き時代のもの、即ち唐宋時代のものであつたなら、其時に引いた原書が今の通行本の通りでなかつたので、通行本の方が誤つて居るかも知れぬ。実際通行本の誤《あやまり》を類書に引用したるものによりて正し、此によりて正しく或文句を理解するを得る例甚多し。唐宋時代の類書の尊重すべき一の理由は実に此にあり。然るに明の学者などは之を知らずして、通行本の誤なるを知らず、折角正しき類書の文句を正したる例あり。此れは非常なる誤にして、清朝の学者が攻撃するのも無理ならぬ事なり。要するに、類書と原書通行本と相異するときは、何れを正しとするかは能《よ》く〳〵注意して判断するを要す。

類書は前にも述ぶる如く、之によりて何事にもよらず、故事熟語は勿論、或る大体の知識を得ると雖、或る事柄により、類書よりも他の書によりて、一層明確に調《し》らべ出だす事を得る事あり。即ち前に挙げたる人名・地名等の如し。

前に述べし如く、人名・官名・地名等の如きは、我輩が書籍を読みて、人名に就いては其何時の時代にて、何如なる履歴を有するかを知り、地名に於ては、今の地図にて何といふ所に当るか、又官名に就いて、前漢時代にて何といふ官に当るか、其の職は何如なる事を掌《つかさど》るか云々を知らずして、大に困る事あり。之を調らぶるは漢文研究上苦心する所にて、此等の場合にそれ〴〵参考書に就いて調らべざる可からず。以下之に就いて説くべし。

先づ人名に就きて之を言ふに、御承知の通り、西洋にはちやんと立派な人名辞書ありて、己の知らんと欲する人の所を引けば、容易に其人の履歴に就いて詳細なる智識を得ると雖、支那にはかゝる完全のものはなし。近頃は本邦にても支那人名辞書が出来て居れど、決して完全なるものにあらず。西洋にもジヤイルズの支那人名辞書あれども、此に集めたる人の数多からず。*

* Herbert Allen Giles; A Chinese Biographical Dictionary（1901）ジャイルズ（1845-1933）はイギリスの支那学者で、外交官となり後ケムブリッジ大学の教授となった。"A Chinese English Dictionary" "A History of Chinese Literature" 外多数の著書がある。

凡そ此等の人名などは、正史中に有名なる人は、其人を字書に就いて探《さ》がすの必要なし。人名字書から引く必要の人は、比較的人に余り知られぬものと認めて可なり。それに若し人名字書に載する所、有名の人のみに限られてあつたら、何にも役立たぬ訳であるが、支那の人名を網羅したるものなし。これ漢文を修め、若しくは支那の事に就き何か取調べをなさんと思ふ人の、共に苦しむ所なり。*

＊ 現在人名辞典としては『中国人名大辞典』（一九二一　商務印書館）がある。ただこの書には生卒年が全く附けられていない。

故に我輩はかゝる場合には、尚《なお》正史即二十四史の助を借らざるべからず。併し或人の事を知らんとするに、漫然二十四史を引く訳に行かず。それには今日流行する『史姓韻編』の助けを借るに若《し》くはなし。即ちかの書は二十四史中にある人の姓を韻を標準として排列して、各〻姓名の下に、某書某巻と標しをつけてある。例せば、「辺鳳」といふ人名に出逢ひ、それが何時代の人たるを知らざるときは、辺は一先の韻たるにより、先韻の所を見ると、其名前が出て来、下に『後漢書』巻一百六循吏伝序京兆人と書いてあるから、今度は『後漢書』の本書に就いて、其人の事蹟を知る事を得。即ち『史姓韻編』は二十四史に見えたる人名の索引となり、極めて便利なるものにて、若し己の知らんとする人が、二十四史に本伝あり、若くは本伝なく附伝となつて居る人なら、直に之を検索する事を得。*

＊『史姓韻編』六十四巻　清汪輝祖撰　乾隆五十五年（一七九〇）蕭山汪氏双節堂湖南寧遠官舎刊本

此書は姓を韻によって排列しているが、次に掲げる二書は画数によっている。

梁啓雄『廿四史伝目引得』（一九三六　上海中華書局排印本）

二十五史刊行委員会『二十五史人名索引』（一九三五　上海開明書店排印本）

又次の二書は四角号碼《しかくごうま》によって排列される。

鍾華編『史記人名索引』（一九七七　中華書局）

張忱石《ちょうしんせき》編『晋書人名索引』（同右）

この二書は標点正史を底本とした人名索引であり、正史全ての人名索引が逐次出版される予定〔のちに刊行された〕。

それから韻編は二十四史に見えたる人物にして、清朝の人は之に入つて居らぬ。それで清朝の人であつたら、又清朝人丈《だけ》の人名を集めたものがある。即ち大部のものにては『国朝耆《き》献《けん》類徴』＊『国朝先正事略』＊＊（正続）『碑伝集』＊＊＊（正続）等があるから、此によりて調ぶるの外はない。『国朝耆献類徴』は大部のもの故、検索の上からいへば却つて不便なり。『碑伝集』は正続あり。近来の人までを網羅してあるから、却て実用に便なり。

＊『国朝耆献類徴』七百二十巻　清李桓輯

国初から道光末年に至る一〇〇〇〇〇余人を収める。巻首二百四巻は「欽定宗室王公功績表伝、欽定外藩蒙古回部王公表伝・同続纂」正編四百八十四巻は宰輔以下方伎に及ぶ十九目に分れる。その他「述意」一巻、「総目」二十巻、「通検」十巻、「満漢同姓名録」一巻がある。

＊＊『国朝先正事略』六十巻　清李元度撰

国初より同治初年までを含む。専伝あるもの五〇〇人、附伝あるもの六〇八人で名臣・名儒等七門に分つ。

＊＊＊『碑伝集』一百六十巻　清銭儀吉輯

国初より嘉慶末に至る。

『続碑伝集』八十六巻　清繆荃孫《ぼくせんそん》輯

道光より光緒年間に及ぶ

『碑伝集補』六十巻　閔爾昌《びんじしょう》輯

前二書に洩れた者、及び晩出の史料による者。

なお清朝の人物を検索するには

『三十三種清代伝記綜合引得』（哈仏燕京引得　九）

A・W・フンメル（A. W. Hummel）『清代名人伝略』（Eminent Chinese of the Ch'ing Period〈1644-1912〉　一九四三―四四　ワシントン）がある。

それから先秦の人物に就いて知らんと欲せば、『漢書』に「古今《ここん》人表」といふものありて、太古より秦に至るまでの所有人物の名を挙げて、九等に分つたものがある。それに清朝の学者梁玉縄といへるもの考証をかき、其人物の事蹟が某書に出づる事を示す。それで我輩は其指示す書につき、其人物の事蹟を知る事を得。*

＊『人表攷』九巻は『二十五史補編』漢書部に収められている。

なお漢以後明までの人物の検索には、次のようなものがある、

『前漢不列伝人名韻編』六巻　『後漢不列伝人名韻編』四巻　清荘鼎彝《そうていい》撰（一九三五　上海商務印書館排印本）

王祖彝『三国志人名録』附裴注《はいちゅう》引用書目（一九五六　上海商務印書館）

『四十七種宋代伝記綜合引得』燕京大学図書館引得三十四号（一九三九）

『遼金元伝記三十種綜合引得』同三十五号（一九四〇）

『八十九種明代伝記綜合引得』同二十四号（一九三五）

右の三書と『三十三種清代伝記綜合引得』は一九五九―六〇年にかけて東方学研究日本委員会により景印されている。

宋史提要編集協力委員会編『宋人伝記索引』（一九六八）

昌彼得『宋人伝記資料索引』全六冊（一九七四―七六　台北鼎文書局）

梅原郁・衣川強編『遼金元人伝記索引』（一九七二　京都大学人文科学研究所）

台湾国立中央図書館『明人伝記資料索引』（一九六五―六六）

L. C. Goodrich, Dictionary of Ming Biography 〈1368-1644〉（一九七六　Columbia Univ.）（L・C・

グッドリッチ『明代名人伝』）

又人名辞書としては『万姓統譜』一百四十六巻附氏族伝攷十四巻尤著はる。明の凌廸知《りょうてきち》の著書にして、均《ひと》しく韻により時代を追うて姓名を排列し簡単に其事蹟を叙したるものなり。正史になきも見ゆ。されば普通使用するに便利なり。

併し上に挙げたる諸書を以て、物を尽くすといふ訳にあらず。此等の書を見てもない場合は、又他に方法を講ぜざるべからず。或は己の知らんと欲するものが詩人であつて、時代が分明して居れば、列代の詩集に就*いて審《しら》べて見るとか、或は其生れた場処が分つて居れば、其府志・県志等を調らべるとか、色々の方法あれども、それは又検索者の巧拙にもより、又其運にもよるべし。

＊　丁福保『全漢三国晋南北朝詩』五十四巻（一九五九　北京中華書局排印本）

『全唐詩』九百巻　清康熙四十六年（一七〇七）御定揚州詩局刊本

平岡武夫篇『唐代の詩人』（一九六〇　京大人文科学研究所）

『全五代詩一百巻補遺一巻』清李調元輯（『函海』所収）

『宋詩』一百七巻　明曹学佺《そうがくせん》輯（『歴代詩選』所収）

『御選《ぎょせん》宋詩七十八巻姓名爵里二巻』清康熙四十八年（一七〇九）御定（御選宋金元明四朝詩所収）

『中州集』十巻　金元好問輯（四部叢刊正編所収）

『御選金詩二十四巻首一巻姓名爵里一巻』清康熙四十八年（一七〇九）御定（御選宋金元明四朝詩所収）
『元詩選』不分巻首一巻二集不分巻三集不分巻癸集不分巻　清顧嗣立撰
『御選元詩八十巻首一巻姓名爵里二巻』清康熙四十八年（一七〇九）御定（御選宋金元明四朝詩所収）
『列朝詩集』乾集二巻甲集前編十一巻甲集二十二巻乙集八巻丙集十六巻丁集十六巻閏集六巻　清銭謙益輯
『明詩綜』一百巻　清朱彝《しゆい》尊《そん》輯
『御選明詩一百二十巻姓名爵里八巻』清康熙四十八年（一七〇九）御定（御選宋金元明四朝詩所収）
『清詩匯《かい》』（晩清簃詩匯）徐世昌輯　民国十八年（一九二九）天津徐氏退耕堂刊本
なお文集も附け加えておく
『全上古三代秦漢三国六朝文』清厳可均輯（一九五八　北京中華書局用広雅書局刊本景印）
閔孫奭《びんそんせき》『全上古三代秦漢三国六朝文作者韵編』五巻（一九三二）
『欽定全唐文』一千巻　清嘉慶十九年（一八一四）御定
『欽定全唐文姓氏韻編一巻』清嘉慶十九年（一八一四）御定
平岡武夫編『唐代の散文作家』（一九五四　京大人文科学研究所）
『宋文鑑』一百五十巻　宋呂祖謙撰
『遼文存』六巻　清繆荃孫輯
『金文最』一百二十巻　清張金吾輯

『元文類』七十巻　元蘇天爵撰
『皇明文衡』一百巻　明程敏政輯
『国朝文録八十二巻続編六十六巻』清李祖陶輯
譚世璧『中国文学家大辞典』（一九三四）

それから今一つ注意しておくのは、支那人は唯姓名を有するのみにあらず。字を以て呼ぶ事あり、排行（同じ親より出た列）を以て呼ぶ事あり。官名を以て呼ぶ事あり。又出身地名（此れは県なり）を以て呼ぶ事あり。例へば李鴻章は合肥と云ひ、曾国藩は湘郷、項城と云へば袁世凱をさす。さればこれも知らざるべからず。一体支那人は名に就いてやかましく云ふ。これは人の名を普通呼ぶべからず。これを呼ぶは君父のみ。この以外の者は呼ばず。普通に「字」《あざな》を以てす。天子の名は勿論、歴代天子の名は書くべからず。これに代るべき敬避の字あり。＊例へば康熙帝の名の玄の代りに玄又は元と書き、乾隆帝の名の弘は弘又は宏とす。唐の玄宗皇帝を支那にては元宗と書く類なり。

＊　陳垣《ちんえん》『史諱挙例』一九三七　励耘書屋刊本
一九五八年　北京科学出版社からも出版されている

又支那にては「名」と「字」と「地名」と「官名」と共に書く事あり。合肥相国李鴻章少荃《しょうせん》の如き此の例なり。それで漫《すずろ》に書を読みて人の姓名に遇うた時、それが果して真の姓名なるか否やを知る事肝要なり。官名を以て人名となし、字を以て実名と誤りなどするときは、折角これらの参考書ありても引出されぬ事あり。*

＊　陳徳芸《とくうん》『古今人物別名索引』（一九三七）
陳乃乾《だいけん》『室名索引』（一九三三）
陳乃乾『別号索引』（一九三六）
彭作楨《ほうさくてい》『古今同姓名大辞典』（一九三六）
『民国以来人名字号別名索引』
なお外国の人名地名については
何崧齢《かすうれい》等『標準漢訳外国人名地名表附漢文索引、西文訳音分表』（一九二四　商務印書館　汲古書院復刻）
がある。

それから生卒年齢の事なり。一体西洋の人名字書は御存知の通り、初めに人名を挙げて、西暦紀元某年より某年に至ると書いてあるが、通例東洋では此等の観念が極めて散漫である。現に正史列伝を見ても、一見して某年に生れて某年に死したといふ事が書いてない。多くの場合には某年号某年卒年若干とあれば、それにより年表を繰り某年に生れたといふ事が分る。併しそう書いてないものも沢山ある。又或る場合には、卒去が何時であると明記せず唯卒年若干とあるものも少なくない。これらは卒したときの年齢が分つて居ても、某年に生れて某年に死した事は言はれぬ。吾人は通例支那の有名な人についても、多くは漢の人とか、唐の人とか、又唐の玄宗時代の人とかいつて満足して居るが、一寸それが今より幾年前といふ事を、頭に浮べることは出来ぬ。これは出来る事なら西洋にいふ通り、某人は某年に生れて某年に卒したといふ明確な知識を得たい。それについては、種々の関係から其人の生存したときの年号を覚えて居る事も必要であるが、又文章などに書くときは、我神武紀元若《も》くは西暦紀元に正して置く事も必要である。*

＊『欧亜紀元合表』清張璜　光緒三十年（一九〇四）
陳垣『二十史朔閏表』（国立北京大学研究所国学門叢書三一　一九二五）
陳垣『陳氏中西回史日暦』（同右　一九二六）
内務省地理局『三正綜覧』（一八九〇）
太陽暦・太陰暦・イスラム暦の対比。
藤島達郎・野上俊静編『東方年表』（一九五五）
西暦・干支及び中国、朝鮮、日本の帝王の年号を対照することができる。

そうすれば、直に今より幾年前に生存した事が分る。漢唐三百年四百年と続きたる時代の人位では余りぼんやりに過ぐるのである。然るに前述の如く、一寸正史の列伝によりて一見して、其の生卒年をいふ能はざる次第なるが、これらの事のみを書いた書籍がある。即ち清朝の学者銭大昕《せんだいきん》の『疑年録』四巻、同じく呉修の『続疑年録』四巻、銭椒の『補疑年録』四巻等にて非常に便利なものである。*

＊『疑年録』四巻　清銭大昕撰
『続疑年録』四巻　清呉修撰
『補疑年録』四巻　清銭椒撰
この二つは単行本の外に合刻されたものもあり（例へば嘉慶十八年（一八一三）海塩呉氏刊二十三年（一八一八）補録本）、粤雅《えつが》堂叢書にも収められている。
『三続疑年録』十巻　清陸心源撰
この二書も亦合刻本（帰安陸氏刊本）の外、『潜園総集』（陸心源）に収められている。
閔爾昌『五続疑年録』五巻附録二巻（一九二三）
張惟驤《ちょういしょう》『疑年録彙編十六巻補録一巻分韻人表』一巻（一九二五）
なお生卒を検べるものとしては
姜亮夫『歴代名人年里碑伝総表』（一九三七　上海商務印書館排印本）があり、一九五九年陶秋英の校した『歴代人物年里碑伝綜表』が北京中華書局より刊行されている。

例せば、「鄭康成七十四、生永建二年丁卯、卒建安五年庚辰」とかいてあるから、年表を繰りて神武紀年ならば（七八七―八六〇）西暦の紀元ならば（一二七―二〇〇）とする事を知るべし。又呉栄光の撰びたる『歴代名人年譜』十巻あり。毎年の下に某生る、若しくは某卒すと書いてある。是亦極めて便利なるものなり。尤も此等の書に挙げたる人は、全体より見れば誠に少数にて、こゝに己が知らんと欲する人の生卒が載せられざる事も亦多かるべし。誰の生卒でも書いてあると思へば間違ふ。又此等の書にあるは漢以後の人物にて、秦以前の周代の人物にて、天子や諸侯は例外として、其他の人にて生卒年月の知れて居る人甚少なしと知るべし。孔聖の生卒年月は分つて居れど、その生年に二説あり。孟子に至りては分らぬ。*其孔門の人、又老・荘・墨子などについても、はつきりした事分らぬなり。

＊　狩野直喜『論語孟子研究』（一九七七　みすず書房）

それから地名なり。地名に就いては歴史の正史上に地理志あるを以て、或る地名に遇つてそれが唐の地名である事を知らば、直ちに『唐書』の地理志を見るべし。然らばそれが州の名若しくは郡、県の名で、区劃に於て某道に属し居たりし事を知るべし。併しそれを現今の地名に引直さんとせば、又種々の参考書が必要となるが、諸君も知れる如く、尤箇便なるは清李兆洛の編輯し、『歴代地理志韻編今釈』二十巻なるべし。*其他は顧祖禹の『読史方輿紀要』**とか、『大清一統志』***等を見れば大概の事は分るべし。

＊　『李氏五種』所収の外
『歴代地理志韻編今釈二十巻坿校勘記一巻地志韻編唐志補闕正誤校異一巻皇朝輿地韻編二巻坿校

勘記一巻』清李兆洛撰　坿録清馬貞楡撰　光緒元年（一八七五）羊城馬氏集益堂重刊本があある。これは韻による排列であるが、

劉鈞仁『中国地名大辞典』（一九三〇　北平研究院）は李のものを基礎にして筆画による検索を可能にしたものであり、ほかに画引による地名辞典としては、

臧励龢《ぞうれいか》『中国古今地名大辞典』（一九三一　商務印書館）がある。

＊＊　青山定雄『読史方輿紀要索引支那歴代地名要覧』（一九三三　東方文化学院）この書の表記は旧仮名であり、現代仮名遣いに慣れた人には検索に不便であったが、最近現代仮名遣いの表記をとったものが刊行されている。（一九七四　省心書房増補補訂版）

＊＊＊　『大清一統志』は㈠乾隆九年（一七四四）武英殿刊本、㈡同五十五年（一七九〇）武英殿刊本、㈢嘉慶重修一統志　嘉慶二十五年（一八二〇）勅撰――『四部叢刊』続編所収、の三種があり、㈢が最もよく集大成されており、索引（闕名《けつめい》輯。四角号碼式）も附されている。

それから或時代に限り、古今の地名を比較したるものあり。其の一例を挙ぐれば、清江永の『春秋地理考実』、蔣廷錫の『尚書地理今釈』の如し。即ち『春秋左氏伝』とか『尚書』等を読み、此等の書中にある地名が今何処に当るかを知らんと欲せば、此等を参考すれば直ぐに出て来るなり。＊

＊　何れも『皇清経解』に入っている。

平岡武夫編『唐代の行政地理』（一九五五　京大人文科学研究所）
荒木敏一・米田賢次郎編『資治通鑑地名索引』（一九六七　京大東洋史研究会）
資治通鑑の本文について、胡三省が注解を加えた地名の索引で、「宋代疆域図」が附せられてある。

地図

『歴代輿地図』清楊守敬　光緒三十二年（一九〇六）観海堂
この書は彼が弟子の熊会貞《ゆうかいてい》の協力の下、胡林翼の『皇朝一統輿図』（同治二年（一八六三）刊）を底図にして作成。すべて四十五図。
丁文江・翁文灝《おうぶんこう》・曾世英編『中華民国新地図』（一九三四　上海申報館）
これは申報六十周年を記念して作ったもので、縮尺二〇〇万分の一、この地図を三〇〇万分の一の縮尺に改め、廉価版としたのが
『中国分省新図』（一九三三　申報館）
である。
『中華人民共和国分省地図集』（一九七四　地図出版社）
日本で出版された歴史地図としては、
箭内亙《やないわたり》・和田清編『東洋読史地図』（一九三一　冨山房）
松田寿男・森鹿三編『アジア歴史地図』（一九六六　平凡社）
次に官制に就いて言はん。官制も支那にては歴代多少の変動ありて、一様には行かぬから、

或時代の官制のみを知つて居る計《ばか》りでは不可《いけ》ぬので、極めて厄介であるが此れも一通りは心得居らぬと困る。例せばかの韓愈の「進学解」を見るに、彼は一代の文豪を以て、僅かに四門博士国子博士の職に居るのを頻《しき》りに不平に思うて居た様子がある。弟子の語を借りて「冬暖而児号寒、年登而妻啼饑」などと泣言を述べて居るが、実際四門若くは国子博士なるものは、何如なる官等のものたりしか、果して彼が不平を言ふ丈の微官たりしか否かを詳にせざれば、進学解は分らぬ様なものなり。然るに官制は前に述ぶる如く、時代によりて変遷あれば、委しく調ぶるには正史中にある職官志あるいは百官志とか『文献通考』といふ如きものを調べざるべからず、極めて厄介なり。然れども余思ふに、制度の上に於て必要なるは唐の制度と前清の制度にて、官制も此の二つを飲込みて居れば大概な事は分る。何如となれば、唐の制度は六朝以来の制度が唐に至りて立派に完成したるものにて、それが宋まで大に影響を及ぼして居る。又御承知の通り我国大宝令にも非常な影響を有して居る。それから元明清の制度が一類にて、勿論其間に異同はあれども、元の制度が明に移り清は又之を採用しゝものにて、官制・官名の如きも、元明清丈は大に似寄つた処がある。故に清朝の制度を知つて居れば、これより溯りて明に至り、元に至る事を得る次第なり。而して余が清朝の制度を知れと云ふは、独り古文の研究のみならず、現今の支那を知るにも、前清の制度を心得る事必要なりとす。*清朝末期となりては種々の制度の変革ありて、また過渡期にあれば、（以下文を闕《か》く）

＊　中国の制度の発達を通観するものとしては左のものがある。

伊藤東涯『制度通』（吉川幸次郎校　岩波文庫〔また礪波護・森華校訂『制度通』二〇〇六　平凡社東洋文庫〕）

和田清『支那官制発達史』（一九四二　中央大学出版部）

　汲古書院の復刻あり

佐伯富編『宋史職官志索引』（一九六三　京大東洋史研究会）

特にこの書に附けられている宮崎市定「宋代官制序説」は重要

佐伯富編『資治通鑑索引』（一九六一　京大東洋史研究会）

　この書は資治通鑑の本文並に胡三省の注につき、食貨、職官、選挙、兵制、地名、塞外部族、外国、姓氏、謚法、宮殿掌故、訓詁等に関する名辞の項目を字画順に排列したもので、官制理解のためにも有用である。

伊藤東涯『唐官鈔』

『大唐六典』を平易に解説してある。

狩野直喜『清朝の制度と文学』（大正十二年四月―十三年六月　京都帝国大学文学部特殊講義　未刊〔一九八四　みすず書房〕）

『清国行政法』（本書九十八頁参照）

又茲《ここ》に今一つ前清の制度を知らざるべからざるは、かの公牘文《こうとくぶん》即ち今我国にて誤つて時文というものである。かの公牘文は近頃支那語の試験にも出るし、又学校の教科書に収むるものもある由なるが、あれは一種の読方があつて古文流には往かぬ。

これを読むに必要なるは制度を心得べき事なり。実は予も時間があつたら、公牘文其他目下支那の新聞等の読み方に就いて御話せんと欲せしかども、時間なければ省略するが、あれを読むに必要なる事は、官府の事務に関する熟語を知る事なり。

(備考)　六部《りくぶ》成語*なるものあり。西洋にてはヒルトの書もあり。

＊『六部成語』六巻　清闕名撰

清代官庁の慣用語を集め、満洲語学習の為に出来た満漢対訳書、吏戸礼兵刑工の六部を各一巻とする。この漢語の部分に注釈を施したのが、『六部成語註解』である。

内藤乾吉『六部成語註解』(一九四〇　京大東洋史研究会)は加藤繁博士所蔵の鈔本に依って刊行されたものであり、巻頭に同氏の解題が附されている。

又公牘の形式を知る事必要なり。猶進みて之を言はゞ、清朝の制度を官制だけでも心得居る事が必要なり。例せば公牘の中にかゝる文句ありとせんに、(1)太子少保(2)兵部尚書(3)兼都察院右都御史総督(4)直隷等処管巡撫事(5)北洋大臣袁世凱(6)署理とあり。中々長たらしき文句なるが、これ丈の官名でも清朝の官制を心得ざれば、全く解釈する事は出来ざるなり。

(1)は官名なるも名誉の称号

(2)は日本の兵部卿に当るも、実際の事務を採るにあらず。是れは清朝の制度として、総督になるものには兵部尚書を与ふ。これで一省の軍事を取り得るなり。
(3)都察院も総督となるには、必ず右都御史を兼ね、是れあるが為に、自己の部下のみならず、他省の人も弾劾する事を得るなり。
(4)直隷には巡撫なし。総督之を兼ぬ。
(5)の北洋大臣は芝罘《しふう》以北の開港場の監督を兼ぬるを示し、
(6)の署理は心得の意なり。例へば喪に服せば官を廃せらるも（父は三年間）重要なる人物は署理となりて政を取り、この場合かく呼ぶなり。
如斯《かくのごとき》制度を知りて初めて官名も充分理解し得るなり。

第五講

清朝の制度を知るには『大清会典』あり。会典は清朝一代にて幾回も編纂され、最後には光緒年間に『光緒会典』なるものも出来てをるが、清朝制度の大体を知るには、『乾隆会典』にて沢山なり。又清朝の制度を知れば明朝の制度も分り、明朝の事が分れば元朝の事も分る。蓋《けだ》し前に述べし如く、支那の制度は元明清一類をなすを以てなり。

清朝の制度は元以後の引続きなり。例せば支那にては直隷省、江蘇省などと、或る行政区劃を名づけて居るが、一体省は宮中の役所の義なり。人を取締る所なり。日本にて内務省・文部省などいふのが本義に協《かな》つて居る訳である。行政区劃を省と云ふは元以来の事にて、元のときは支那を分ちて若干の行政区劃に分ち、其各〻に行中書省を置き、之を以て其地方を治めしめた。即ち中書省は中央にあれども、猶《なお》其外地方に出張所ありて、同様の事務を取る。即ち地方分権なり。行中書省には丞相・平章事以下の官吏を置き、そして其管内の軍事・徴税其他あらゆる行政事務を掌《つかさど》らしめたものである。それで其地を治むる官衙《かんが》を省ともいひ、又同時に其官衙が治むる区劃其物をも省といふ事となりたり。明以来行中書省なる官衙は廃されたれども、省の名は今日に至るまで保存されて居る。これは本の一例なるが、先づ清朝の制度を心得て居れば、明元の制度も溯りて之を知る事を得るなり。

清には教育勅語順治帝の時あり。康熙帝も十一ヶ条として道徳の基とせり。制度上地方官は之を勧める。これの実行如何により、官の高下が定まれり。学生の試験にも之を書かしむ。これは支那の道徳に関する思想を知り得べきを以て、よく研究する価値あり。この事は清に初まるならんと思へるに、先年金沢にて古本発見され、明の初《しょ》洪武帝が同じ勅語を出せるを知れり。此点に於ても支那の事情を知るを得るなり。*

＊　狩野直喜『中国哲学史』（岩波書店）四八一—四八四頁

会典の外にて制度を知り得るものとして、清朝の制度を極めて簡明に書いたるものにMeyers, The Chinese Government といふものあり。日本文にては、台湾総督府台湾旧慣調査会*にて編纂されたる『清国行政法』あり。**

＊　我が国が台湾を統治した時代に、この地の旧慣を調査し、行政・司法のための資料を提供し、ひいては内地とは異なった独自の立法の基礎を作ることを目的として設置した官庁。はじめ「臨時台湾土地調査局」として設けられ（一八九八）、ついで調査会となった（一九〇一）。『清国行政

法』『台湾私法』などの報告書を出している。

＊＊『清国行政法』六巻。本文七冊索引一冊。旧慣調査会第一部長岡松参太郎の推薦により、織田万が一切を委嘱されて編纂した。織田と著者が委員となり、加藤繁・東川徳治・浅井虎夫が補助員に任じられた。一九〇五年に第一巻が刊行され、一九一三年に第六巻の出版を見た。その後第一巻を補訂して上下二冊に分け、索引が一九一五年に作成されて事業を終った。一九七二年、汲古書院が復刻したものには、この書の編纂の事情に関する幾つかの史料が掲載されている。なお一九三六年の巌松堂景印本は、第一巻に旧版が使われているので不便である。

著者は行政組織・官吏法及び財務行政を分担執筆したと考えられる。

それから官名の事なるが、清朝にて勅撰されし『歴代職官表』＊といふものあり。これは清朝の官制を標準として、各官名の変遷を示す。此れは極めて便利なものなり。

＊紀昀等が乾隆帝の勅をうけて編纂。七十二巻（最初は六十三巻）。正史の百官志や九通を主要な材料とするが、『永楽大典』からの引用もあって貴重である。広雅書局刊本がよい。『三長物斎叢書』所収のものは表のみを六巻にまとめたものである。又中華書局本（一九六五）はこの六巻本の後に、官職の解説・索引を附して刊行されたものである。

以上類書と其他二三の参考書に就いて述べたり。此れと初めに述べたる目録書は均しく漢文を読むとか、或は支那の或事物を研究せんとするに必用なるものにて、余が初めに申し、如く、物理学者・化学者が学術的研究をなすに要する器械の如きものにて、此等の器械なければ、何如に骨を折りても、それ丈《だけ》の結果を収むる事能はざるべし。諸君は或は余の臚列《ろれつ》したるものが、多きに過ぐるの感を有せらるゝ人もあるべし。然れども後世はいさ知らず、今日までの所は此等の器械を使用せざるを得ず。或は後世学問益〻開けもつと便利な書が出来、僅か二三種の書にて、何を調ぶるにも直ちに手掛りを得るといふ結構なものが出来れば、幸之に如《し》かざれども、此希望を実現する事は中々困難な事と思ふなり。*

＊　長沢規矩也『支那学入門書略解』（一九四〇　文求堂）
東方学術協会『中国史学入門』（一九五一　平安文庫）
『東洋史料集成』（一九五六　平凡社）
市古宙三、J・K・フェアバンク『中国研究文献案内』（一九七四　東大出版会）
本田済編『中国哲学を学ぶ人のために』（一九七五　世界思潮社）
項目ごとに参考文献が附され、巻末に中国哲学史年表が載せられている。
文学については本書十六―八頁参照

余は已に目録類書等に就いて述べたり。此等は即ち書を読む上の参考書にて、検索の用に供するものにて、自分の必要の所を見れば済むものにて、頭から尾に至るまで読むべきものにあらず。此等の器械を使用して、己の研究せんと欲する書籍を読むなり。

然るに前に述べし如く、支那の書籍は分量頗《すこぶ》る多く、己が或研究をなさんとするにも、種々の本を集めざるべからず。若し己の要する書につき単行本のみを集めば、費用の上に於て浩繁なる上、或種類の書籍は単行本として世に存するものなし。故に書を集めんとするには叢書を買ふに如くはなし。殊に学校などにて漢籍を備附《そなえつ》けんと欲せば、先づ叢書よりするを可とす。叢書を集めて然る後に単行本に及ぶべきなり。叢書といふは種々の書籍を一まとめにして刊行したるものにて、唯一部の叢書を買へば、数百種の単行本を買ふものと同じ価値を有するからである。

叢書の種類　さて叢書には色々種類ありて、(1)珍籍のみを集めて一《ひとつ》の叢書となしたるものあり。その例は『古逸《こいつ》叢書』『佚存叢書』の如きものにて、『古逸叢書』は黎庶昌《れいしょしょう》の編（光緒十年　一八八四）、『佚存叢書』は日本の林大学頭《だいがくのかみ》（林衡《たいら》・述斎）の編せるものにて、均しく支那に早く泯《ほろ》び、日本にのみ存する書籍を集めたるものにして（寛政十一・一七九九―文化七・一八一〇）、其中には実際学問の上に必要なるものも少なからざれども、唯珍書に過ぎざるものもあり。

(2)　それから今一つは学問の種類により集めたるもの、即ち経書の注釈に関して、宋元学者の経解を集めたるものに『通志堂経解』（納蘭《ならん》性徳の名を以て徐乾学の蔵書を版にせるものなり）『経苑』（銭儀吉の編）等あり。清朝漢学派の経解を集めたるものに『皇清経解』

(阮元)及続篇(王先謙)あり。又『正誼堂全書』(張伯行)あり。又その学問によりこゝに利用すべき叢書多し。天文・暦算・地理・史学・医学・金石文等それぐ\叢書ありて、其等の事情に関係する重要なる著述を集む。*

＊ 天文・暦算

叢刻 『兼済堂纂刻梅勿菴先生暦算全書』 清梅文鼎

目録 『若水斎古今算学書録七巻附録一巻古今算学叢書編目』 清劉鐸

伝記 『疇人伝《ちゆうじん》四十六巻 附続六巻』 清阮元撰 清羅士琳続

地理

叢刻 『重訂漢唐地理書鈔七十種』 清王謨《おうぼ》

『小方壺斎輿地叢鈔十二帙補編十二帙再補編十二帙』 王錫祺《せきき》

『中国方志叢書』 第一輯 第二輯(一九六八―七六 成文出版社)

目録 『方志考稿』 甲集六編 瞿宣穎《くせんえい》

朱士嘉『中国地方志綜録』 不分巻(一九三五 商務印書館)

史学

叢刻 『史学叢書』 闕名《けつめい》

二十五史刊行委員会『二十五史補編』(一九三六 開明書店排印本)

医学

『済生抜粋』十九巻　元杜思敬

『東垣十書』闕名

金石文

纂録　『金石萃編《すいへん》』一百六十巻　清王昶《おうちょう》

『金石続編』二十一巻　清陸耀遹《りくよういつ》

『金石萃編補正』四巻　清方履籛《ほうりせん》

『芸風堂金石文字目』十八巻　清繆荃孫《ぼくせんそん》

『金石萃編補略』二巻　清王言

『潜研堂金石文跋尾』二十巻　清銭大昕《せんだいきん》

『八瓊《はっけい》室金石補正』百三十巻　清陸増祥

『石刻史料新編』（一九七七　新文豊出版社）

目録　容媛『金石録書目』（一九三六　商務印書館）

楊殿珣《ようでんじゅん》『石刻題跋索引』（一九四一　商務印書館）

(3)　又地名を冠する叢書あり。『嶺南叢書』・『金華叢書』・『永嘉叢書』等の如きものにして、此等の地方より出たる学者文人の著述を集む。*

＊『嶺南叢書』清伍元薇・伍崇曜輯　道光同治間刊　広東

『金華叢書』清胡鳳丹輯　同治光緒間刊

『永嘉叢書』清孫衣言輯　同治光緒間刊

後二者はいずれも浙江。『金華叢書』には民国に入って『続金華叢書』が作られた。

同種のものとしては『塩邑志林』（浙江海塩県）、『畿輔叢書』（河北）『山右叢書初編』（山西）『金陵叢書』（江蘇江寧）『四明叢書』（浙江寧波）『湖北先正遺書』（湖北）『湖南叢書』（湖南）などがある。又『武林掌故叢編』は浙江武林（杭州）に関する著述を集めたものである。

(4)　又一人一家の著述を集めたるものもあり。『顧氏《マヽ》遺書』顧炎武・『西河合集』毛奇齢・『高郵王氏五《マヽ》種』王念孫 王引之・『春在堂叢書』兪樾の類これなり。*

*　顧氏遺書は亭林遺書、高郵王氏五種は王氏四種のことか。

同種のものとしては『欧陽文忠公集』欧陽修・『梨洲遺書』黄宗羲・『船山遺書』王夫之・『戴氏遺書』戴震・『潜研堂全書』銭大昕・『海寧王忠愨《ちゆうかく》公遺書』王国維などがある。

(5)　それから最《もつとも》普通なるものは四部に通じて多くの人の著述を集めたるものなり。此れが又沢山ありて、到底此処にて御話する訳にいかぬ。それで我輩は今何如なる叢書を利用したらばよいかといふに、それは申す迄もなく、其人の学問のすぢに由る事にて、同じ経学を修むる人にても、程朱の学説が面白い、然らずとも、宋元時代の人の経説が知り度いといふ人ならば、『通志堂経解』とか『経苑』を読むべし。若《も》しこれに反して漢人の経説を知り度《た》し、清朝考証学派の経説を知り度いと思ふ人は、『皇清経解』正続を読むべし。

一体、経学に於ては張之洞《ちょうしどう》の言ひし如く、すぢを正して書を読まなくてはならぬ。経学は従来支那に於ても又日本に於ても色々の学派ありて、其説必ずしも定まらぬので、すぢ道を立てゝやらねばならぬ。即ち宋学を遣るには其道をたどりて、朱子の注を本として、此に関聯したる書を読むとか、漢学をやるものは又同様にやらねばならぬ。例せば論語を読むに古注によりて読んだなら、今度は孟子を読むにも古注に依りてやらなければならぬ。若し然らずして、論語は朱注でよみ、孟子は古注に読むといふ具合にては、其人の経学に対する意見が立たぬから、朱子をやるなら朱子、古義をやるなら古義をやりて、然る後自分の見識を立つべきなり。経学は其通りであるが、其他の人にても、各〻それ〴〵其専攻の学問によりて、叢書を利用すべき事なり。然るに叢書中、経解とか金石と云ふ具合に、叢書の名によりて何如なる書籍が収めてあるかの分るものは宜しいけれども、多くは分らぬ。此書に何如なる書籍が収められているかを知らんには『彙刻書目』を見るべし。*

＊『彙刻書目初編』不分巻　清顧修撰　嘉慶四年（一七九九）序刊本
『彙刻書目』二十冊　清顧修撰　清朱学勤補　光緒十二年（一八八六）
羅振玉『続彙刻書目』（一九一四　双魚堂刊本）
　其の外
『増訂叢書挙要』八十巻　清楊守敬原編・民国李之鼎補（一九一八　南城李氏宜秋館排印本）

金天游『叢書子目索引』（一九三一　浙江省立図書館排印本）
楊家駱《ようからく》『叢書大辞典』（一九三六　南京）
上海図書館編『中国叢書綜録』（一九五九―六二）
がある。

此れは支那の書林が出板したるものなれども、極めて便利なものにて、此れを見れば所有叢書が一一挙げられて、其内に収めたる書目が列挙されて居る。我輩は之によりて各〻叢書の性質を知り、其好む所に従うて之を利用する事を得。

前に挙げたる一定の種類の書のみを収めたるものを除き、普通の叢書に就いて之を言ふに、第一叢書に引いたる書の本が正しきものだと非常に価あり。例せば原書が宋元刻で、それから取つて入れたものであつたら大《おおい》に宜し。此の正否を心得る事大切なり。第二は四部を通して極めて珍しく且《かつ》有益にして、一寸単行本では他に得られぬといふものたらざるべからず。是れらの叢書は漢文をやる何人にも必要なればなり。其点に注意をして叢書の主なるものを挙げん。

『漢魏叢書*』（明程栄輯　三十八種本）・『百川学海**』（宋左圭輯）・『津逮《しんたい》秘書』（明毛晋輯）・『学津討源』（清張海鵬輯）・『守山閣叢書』（清銭熙祚《せんきそ》輯）・『士礼居叢書』（清黄丕烈《こうひれつ》輯）・『知不足斎叢書***』（清鮑廷博《ほうていはく》輯）・『粤雅《えつが》堂叢書****』（清伍崇曜輯）

＊『広漢魏叢書』明何允中《かいんちゆう》輯 七十六種本
『増訂漢魏叢書』清王謨輯 九十四種本
その他九十六種本など幾つかの種類がある。
＊＊『続百川学海』明呉永輯
『広百川学海』明馮可賓《ふうかひん》輯
＊＊＊『後知不足斎叢書』清鮑廷爵輯
＊＊＊＊この講義が行われた後に出た主なる叢書は次の如し。
『四部叢刊』（一九二二　商務印書館）続編（一九三四）三編（一九三六）
『叢書集成』
『国学基本叢書』
『万有文庫』
『四部備要』
『四庫全書珍本』初集（一九三四）―七集（一九七八）及び別輯

訓詁の変化の注意　漢文殊に古典を読むには、非常に大切なる事は訓詁を明にする事なり。訓詁明《あきらか》ならざれば古典の意味通ぜず。然るに訓詁といふものは、時代によりて変遷するものにて、今の言と昔の言とを同じく考へて解釈するときは、大なる誤《あやまり》あり。されば古書を読むには古人の採れる意味を知らざるべからず。其一二の例を申さんに、『荀子』性悪篇に、

「人性悪、其善者偽也」

とあるが、楊倞《ようりよう》の注に、

「凡非天性而人作為之者、皆謂之偽、故偽字人傍為、亦会意字也」

とある。即ち此の場合には、詐偽の偽にあらずして、人為の意に取らざるべからず。何如に荀子と雖《いえども》、善をなすを、人が偽を行ふものと見たのでない。荀子の説は道徳は生活の必要なる為作れるなりとの意なりしなり。宋黄東発の『黄氏日抄』に、

「古は媚《び》を以て深愛とす、後世以て邪となす、古は佞《ねい》を以て能言とす、後世以て諂《へつらい》となす、荀子の偽も此に類す」云々

とあり。真に黄氏のいひし通りにて、古今同一の言にても、意味を異にするから、古書を読むときは、能く訓詁を調べて後世用ゆる意味を以て、之を曲解すべからず。

然らば古言の訓詁は何如にして之を知るかといふに、漢人の訓詁によるより外に仕方なし。漢代は周を去ること未だ遠からず。孔門七十子より伝授されたる遺説猶《なお》存するよりして、之

を使用して之により古書を解釈に用ゆる外に仕方なし。後世に至れば、訓は古代の言を明にする事をなさず、唯無暗に己の想像を以て解釈をなす癖あり。例せば詩経について、今日伝はりてをる最古き注は前漢毛亨《もうこう》の伝なるべし。これには又種々の論あれども、漢人の伝へたる訓詁として、詩経の文句を解する一の権威と認めざるべからず。然るに後世になると、無暗に之を代ふ。例せば詩に

「蔽芾甘棠、勿翦勿伐」

とあるを、朱子は「盛貌」と注されて居る。此は蔽といふ字がありて、葉が茂り合ひて掩ひ重《しげ》りたる意味と解し、従つて「盛貌」といはれたり。然れども毛伝には「小貌」とあり。又「死生契濶」といふ語あり。此も後世の人は、字の意味から疎濶の意味にとりて、隔遠の意と解せり。然れども毛伝には「勤苦也」とあり。後世は其字の形より意味をとれども、古は字其物には意味なく、唯音に重きを置きたるもの多し。即ち双声畳韻によりて解するなれば、漢人は古よりの訓詁を忠実に伝へて居るのに、後世より唯字形により、想像によりて之を解するは不可なり。

これらは義理に関係する事にあらざれば、どうでも宜しけれども、義理になると困る。例

せば仁義礼智とか、性命理気などに関する解釈、上天の意の如きは、漢人とか宋儒に於ては大に違ふから、こういふ訓詁なれば漢人の訓詁で、こういふ解釈なれば宋以後の解釈といふ区別をなさねばならぬ。而して漢学・宋学の分れる所もこれにあり。

さて我輩が書を読みて普通に其字を調べ、又訓詁を知るには『康熙字典』でもよろし。併《しか》しあれは極めて出来の悪きものとなつて居るので、少し古典でも読みて、真正に其訓詁を知らんとするには使用すべからず。別によきものあり。即ち阮元の作りし経籍籑詁といふものあり。此れは非常に便利なるものにて、韻によりて文字を排列し、一字ごとにあらゆる訓詁を出し、而して一々経籍より其例を示して居る。誠に確かなものにて、古書を何とか少し読みて、其訓詁をしらべんとするには此書 尤《もつとも》宜し。*

＊『経籍籑詁《せんこ》』一百六巻　坿補遺　清阮元　嘉慶十七年（一八一二）揚州阮氏琅嬛僊館刊本

それから猶進みて文字の研究をせんとせば、申す迄もなく『説文解字注』* 段玉裁 郝懿行《かくいこう》の『爾雅義疏《じがぎそ》』** 王念孫の『広雅疏証』*** あり。

＊『説文解字注』十五巻　『六書音均表』五巻　清段玉裁撰
原刻本の外多くの版本があり、又『皇清経解』に収められている。掃葉山房石印本には説文通検（清黎永椿《れいえいちん》）説文提要（清陳建侯）説文段注札記（清徐松）同（清龔自珍《きようじちん》）説文段注鈔・補鈔（清桂《けい》馥《ふく》）を附す。猶段注以外には

『説文解字義証』五十巻　清桂馥
『説文通訓定声』十八巻　清朱駿声
などがある。

＊＊『爾雅義疏』二十巻　清郝懿行
＊＊＊『広雅疏証』十巻　清王念孫撰　子引之述
この二書は何れも皇清経解、四部備要などに収められている。

猶昔と今と古語の異なる注意すべし。論語の解は、日本にては伊藤仁斎＊の『語孟字義』あり。支那人は之に倣ふ。戴震の『孟子字義疏証』＊＊是れなり。物徂徠の『弁道』『弁名』も大著述なり。＊＊＊

＊　吉川幸次郎「仁斎東涯学案」（岩波『日本思想大系』33『吉川幸次郎全集』二十三巻　一九七六）
＊＊　安田二郎・近藤光男『戴震集』（中国文明選8　一九七一　朝日新聞社）
＊＊＊『荻生徂徠全集』（みすず書房）
吉川幸次郎「徂徠学案」（岩波『日本思想大系』36『吉川幸次郎全集』二十三巻　一九七六）

但し漢文をやるには支那人のものを読むべし。一体支那の学問も段々進歩せるものなれば、清朝の人のやれるよいものは、これを利用すべし、

（備考）

性理字義

兪樾《ゆえつ》　古書疑義挙例

上下文異字同例　有仕於此而子悦之不告於王而私与之吾子之禄爵夫士也亦無王命而私受之於子

臧文仲其窃位者与知柳下恵之賢而不与立也按古文位立両同字立字当読為位

上下文同字異　子路有聞未之能行惟恐有聞　上有字乃有無之有下有字亦又字也

漢文の研究の用意に就いての話は是れにて終らんとす。一体学問に簡便法は不可なり。殊に支那にては学問の権威となる書なければ、一々古に溯り研究すべき要あり。余の以上述べしは真面目の研究には当然必要とする準備なりと信ず。

経史子概要

目録学大要

古典の研鑽に必要欠くべからざるは目録学なり。蓋《けだ》し往古載籍謄写の方法によりて世上に流布する当時にありて、其の部数極めて少なく、一たび戦乱の如きものにあへば、兵火の為《た》めに散佚して復《また》伝はらず、又《ま》た縦令《たとえ》全く亡びざるも、断簡残篇となりて遂に其の真を見る能はざるに至る。是に於て後世事を好む徒、窃《ひそか》に竄入を試み、又た名を古人に托し偽作を施すものあり。真贋交錯、玉石混合、大《おお》いに学者を苦しましむ。これ東西其の揆を一にする所なり。唯此の際に学者が古典の真贋を鑑定するには種々の方法あれど、一《ひとつ》の方法は目録の書籍なり。縦令《たとえ》ば此に一の古典あり、此の真贋を知らんとせば、其の時代になれる目録を検し、其の内に同名同篇数の書あらば、先づ其の書は真物なりとすべし。又た同名書はありても、篇数異ならば、其の内の幾部は後人の竄入になるを知るべし。蓋し古典の真偽は其の時代になれる目録に見えず、後世の目録にて書目名見ゆるときは、之《こ》れを以て其時代に後人の仮託したるを知るべし。支那は特殊の事情よりして、古典の中に偽作多し、目録学の必要あり。其の事情とは何ぞ。即ち秦始皇燔書《はんしょ》坑儒これなり。これ何人も能《よ》く知る所ながら、後人の誤解の点も少なからざれば、一言弁じ置くべし。抑ゝ《そもそも》始皇燔書坑儒は、古今に比なき罪悪となり居るが、固《もと》より罪悪には違ひなけれど、其の実始皇の燔《や》きしは民間の書籍にして、官府には依然保存したるなり。其の証は史記始皇本紀に、

三十四年丞相臣斯昧死言、臣請史官非秦紀皆焼之、非博士官所職、天下敢有蔵詩書百家語者、悉詣守尉雑焼之、（中略）所不去者、医薬卜筮種樹之書、若欲有学法令、以吏為師、制曰可

蓋し始皇の政策は黔首《けんしゅ》を愚にせんとするにあり。故に民間の書籍をばやき、又た官府には博士之れを保管したるなり。されば朱子も「如秦焚書、也只是教天下焚之、他朝廷依旧留得、如説非秦紀及博士所掌者、尽焚之、到六経之類他依旧留得、但天下人無有」朱子語類と云へり。（鄭樵《ていしょう》通志校讎略《こうしゅうりゃく》、陶宗儀輟耕録《てっこうろく》『論秦蜀』にも又た同様の論あり。）其の後沛公《はいこう》関に入りしとき、蕭何《しょうか》秦の図書を収めたること史記蕭相国世家に見ゆ。されど何《か》の収めたるは律令とか、政府帳簿の類にして、経籍のことにあらず。経籍は項羽が関に入りて咸陽を火《や》きた

るとき、皆灰燼となりたるなり。かくて、漢の世となり太平となるにつれ、秦の世に滅絶したる学術再《ふた》たび萌芽を生じ、学者も田何《でんか》の易に於ける、申公、轅固生《えんこせい》、韓嬰、大小毛公の詩に於ける、高堂生の礼に於ける、胡母生、董仲舒《とうちゅうじょ》の春秋に於けるが如き、各専門各家をして盛んに其の学を鼓吹《こすい》せり。殊に孝武のとき、百家を罷黜《はいちゅつ》し六経《りくけい》を表章し、五経博士を立てしより、儒学一層其の盛《さかん》を極めたり。これより、山巌《さんがん》屋壁にありて秦火を免れし経籍も段々世に出でしが、殊に景帝の子、河間献王と云へる、篤学好古の君主にて、金帛《きんぱく》をかけて民間の善書を募りしかば、皆争ひて奉奏せしを以て「献王所得書、皆古文先秦旧書、周官、尚書、礼、礼記、孟子、老子之属皆経伝説記七十子之徒所論」云々とあり。かくの如くなれど、朝廷にも孝武のとき写書の官を置き、上経典より下諸子百家に至るまで、広く民間に募集し、秘府に蔵す。成帝、謁者陳農を派出して天子に遺書を求めしめ、得たるものは、時の学者に命じ類を分ちて校定せしめたり。即ち劉向《りゅうきょう》に経典諸子詩賦、歩兵校尉任宏《じんこう》に兵書、太史令尹《いん》咸《かん》に数術、侍医李柱国に方技を担当せしめ、一書の校定出来上りたるごとに、劉向其の篇目と書中の大意を録して天子に奏上せり。向の没後、哀帝復向の子歆《きん》に命じ、父の業をつがしむ。天禄閣において歆即ち広く羣書を総《す》べ、七略を作る。七略とは㈠輯略《しゅうりゃく》、諸書の総要をのべたるもの㈡六芸略（六経）、㈢諸子略、㈣詩賦略、㈤兵書略、㈥術数略、㈦方技略凡《およそ》三万三千九十巻これなり。これを支那書籍目録嚆矢とす。七略今伝はらざるも、班固、漢書の中に収む。固は七略の要領を撮りて芸文志を作りしにて、漢代に存在せし書籍は、細大漏す所ない。実に古典の研究に欠くべからざるものなり。（宋王応麟の芸文志攷証《こうしょう》）漢書已に芸文志ありてより歴代の歴史これに倣《なら》ひ、隋書中に経籍志あり。これは隋の世に現存せし書籍の目録なり。其の他新旧唐書、宋史、明史等皆芸文志あり。皆考拠に資すべし。

王莽《おうもう》の末、書籍焚焼されしが、光武中興し篤く文雅を好み、明章継軌し、尤も経術を重《おもん》じ四方の鴻生《こうせい》巨儒遠《とおき》よりして至るもの勝《あげ》て算《かぞ》ふべからず。石室蘭台、弥以《いよいよもって》充積せしかば、班固傅毅《ふき》等に命じて校書の業に従はしむ。固等、七略によりて校書部に詣《いた》り校書をなし、又た七略によりて芸文志を作る。董卓の乱に献帝西遷し、図書縑帛《けんぱく》皆軍人に掠奪せられ、其の戦乱の為めに地を掃うて皆尽きたり。魏氏漢に代り遺亡を采掇《さいてつ》し、晋秘書監荀勗《じゅんきょく》、これが目録を編し、分ちて四部となせり。㈠甲部六芸及《および》小学等書㈡乙部諸子及兵家術数等㈢丙部史記皇覧等㈣丁部詩賦及汲冢《きゅうちょう》書等なり、大凡二万九千九百四十五巻。南北朝の世となりては、宋に謝霊運、四部目録を造り、王倹七志、梁の阮孝緒《げんこうしょ》七録を撰す。これ皆有名なる目録なれども今伝はらず。隋の開皇中盛《さかん》に献書の道を開きしかば、民間の異本往々にして間出し、陳を平《たい》ぐるに及び、経籍漸《ようやく》備はり、東都の図書を収め船にて運送せしに、道に覆没せしに余す所、猶《なお》八万九千六百六十六巻あり。即ち学者に命じ、経史子集の四部に分ちて校定せしむ。これより経史子集を以て四部をなし、以て近くに至る。

其の後宋となり、今伝はるは、
崇文総目六十六巻。これは宋慶暦元年、翰林学士王堯臣、史館検討王洙《おうしゅ》、館閣校勘欧陽修等に命じ、崇文院及び秘閣の図書三万六百六十九巻に付き、条目を校正し、討論編次して奏上したるものなり。此の書初めは序釈、解題ありしも、南宋のとき鄭樵の説を用い、これを削去りたり。
郡斎読書志四巻後志二巻、宋晁公武《ちょうこうぶ》撰、南陽の井公《せいこう》家蔵書多し。老に及び挙げてこれを公武に贈る。武即ち躬自《きゅうじ》讎校して、其の大略を疏《そ》したるものなり。
子略四巻目録一巻　宋高似孫撰
直斎書録解題二十二巻　宋陳振孫撰、号直斎
其の他鄭樵の通志略中に芸文略の一門あり。又た馬端臨が文献通考《つこう》中に経籍考あり。重《おも》に郡斎読書志、書録解題に本づくものなれども、各書后《しょご》に諸家の説を載するを以て、大に学者に便なり。
其の他明には文淵閣書目四巻（明楊士奇編）、焦竑《しょうこう》弱侯の国史経籍志六巻あり。清には天禄琳琅《りんろう》書目十巻乾隆四十年あるが、清朝の二大目録と云へば、経義考、四庫全書総目の二なるべし。
経義考三百巻、朱彝尊《しゅいそん》の撰。字錫鬯《あざなせきちょう》、号竹垞《ちくた》、康熙己未博学鴻詞に挙げられる、此の人文采

は王士禎と相匹敵し、経学は顧炎武・閻若璩《えんじゃっきょ》と相下らず。実に博覧多識の人なり。此の書一書毎《ごと》に前に撰人の姓氏書各巻及び其の巻数の異同、及其の存佚闕《そんいつけつ》を明《あきらか》にし、次に原書の序跋と諸儒の論説を列し、其の末に己の考を附記せり。

四庫全書総目二百巻

　此れは乾隆のとき、紀暁嵐《きぎょうらん》勅を奉じて四庫の書に付き一々解題を施し、批評を加へたるものにて、実に一世の大典なり。古今目録の書未だこれに加ふものあらず。三十八年、帝四庫全書館、昀《いん》を以て纂修官となす。昀儒籍に貫徹し、旁《かたわら》百家に通ず。凡六経伝経得失諸史異同子集の支分派別、以て詞曲医卜の類に至るまで、細《こまか》に源委を溯り、一書毎に提要を作り、分類を簡首に冠して進む。十有三年を経て成る。

簡明目録

　本書三十七頁参照

経の名称及順序

支那にて往古経書、劉熙釈名《りゅうきしゃくみょう》、「経径也、常典也、如径路無所不通、可常用也」と云ひしは、孔子の手定になりしものにて、論孟の如きものにても、単に伝曰と云へり。漢書等に其の例あり、偖《さて》経字の古書に見《あらわ》れたるは、荘子天道篇に十二経を繙《ひもと》きて老耼《ろうたん》に説きたると見え、また同天運篇にも六経先王之陳迹也とあれば、古くより用いられたる事なるべし。偖其の名目は易・詩・書・礼・楽・春秋なるが（十二経とあるは六経六緯の事なり）、其の順序も区々になり居れば、先づ荘子天運には「丘治詩書礼楽易春秋」とあり。又た同じく天下篇には「詩以道志、書以道事、礼以道行、楽以道和、易以道陰陽、春秋以道名分」とあり。其の礼記経解に「詩書易礼楽春秋」とあり。其の他の古書皆詩書を先にせざるなかりしが、漢志に至り、初めて今の易書詩礼楽春秋と列《なら》べしより、其の例一定して復動かすべからざるに至れり。されど矢張《やは》り詩書を先にする事適当なるべし。偖六経秦火に遭ひ、楽経亡びたれば、漢以下は五経と云へり。唐に至り九経の目あり。此れ三伝三礼を分習せし故なり。其の刻石国子学則云、「九経幷孝経論語爾雅」なり。宋時程朱諸大儒出、始取礼記中之大学中庸、及進孟子以配論語、謂之四書、明因之而十三経之名始立。

詩

詩は大序にも「詩者志之所之也、在心為志、発言為詩」とあり。一に、哀楽之情心の中に動き、外言に形《あら》はる、其の切なるに及び、平言の能く述べ尽くす所にあらず、故に咨嗟《しさ》永歎す。ここに於てか、必ず自然の音響節族あり、これ即ち詩なり。蓋し先王の教《おしえ》、礼を以て、人を約すると同時に、其の感情をして洩泄する所あらしむ。唯其のこれには範囲あり。仮令《たと》へば、君臣父子夫婦の分に於ても、臣君に得られず、子父に得られず、婦夫に得られぬ場合には、怨懟《えんつい》する事を得、されどこの場合にも、一片忠厚の意はなからざるべからざるなり。かく詩は人の感情をうつすものなるが故に、道徳政治の得失もこれによりて分ることとなり。「治世之音安以楽、其政和、乱世之音怨以怒、其政乖、亡国之音哀以思、其民困」といふ事なり。されど周の盛時には采風の官ありて、民間の歌謡を蒐し、朝廷にすすめ大師これを楽律に合はせて、諸《こ》れを宗廟朝廷に用い、諸れを郷党邦国に用いて、学校官人を教ゆる重《おも》なる課程となり居たり。されば当時の賢士大夫、皆能く詩教に通ぜり。孔子も詩を群弟子に授け「小子何莫学夫詩」と云ひ、「不学詩無以言」などゝ云はれたり。論孟其の書につきて、格言として引用する多くは詩書なるを以ても知るべし。偖孔子のときには、三百五篇ありたり。此れに付きて一言すべきは、孔子刪詩の事なり。これは史記孔子世家に出づ。史記によれば、孔子のとき古詩三千余篇ありしを、孔子これを刪《けず》りて三百五篇となせりとなり。此れは古来反対説少なからず、孔穎達《くようだつ》云ふ、

「案書伝所引之詩、見在者多、亡逸者少、孔子所録不容十分去九、馬遷言古詩三千余篇、未可信也」云々（毛詩正義）

と云へり。国語・左伝二書に引く所の詩を以て之れを挍《くら》ぶるに逸詩甚《はなはだ》少し。若《も》し古詩三千の多あらしめば、逸詩は刪存《さんそん》のものより多かるべきなり。論語に詩三百の語気より、昔時以子刪詩の事なきを知るべし。

「那曾見得聖人執筆刪那個存這箇。也只得就相伝上説去」（朱子語類）

さて此の三百五篇は秦火にかゝりしも、詩は主に諷誦を主とするなるが故に、書、燬《や》けても伝ふるもの絶えず。漢初に至り、三家の詩あり、㈠魯人申公と云ふもの、少《わか》きとき斉人浮丘伯に事《つか》へて詩を受け、後《の》ち楚王太子の傅《ふ》たりしが、太子王立ちて暴虐なるを以て罪を得たりしを以て、退きて家居して生徒に伝へたり。弟子千余人あり。世にこれを魯詩と云ふ。

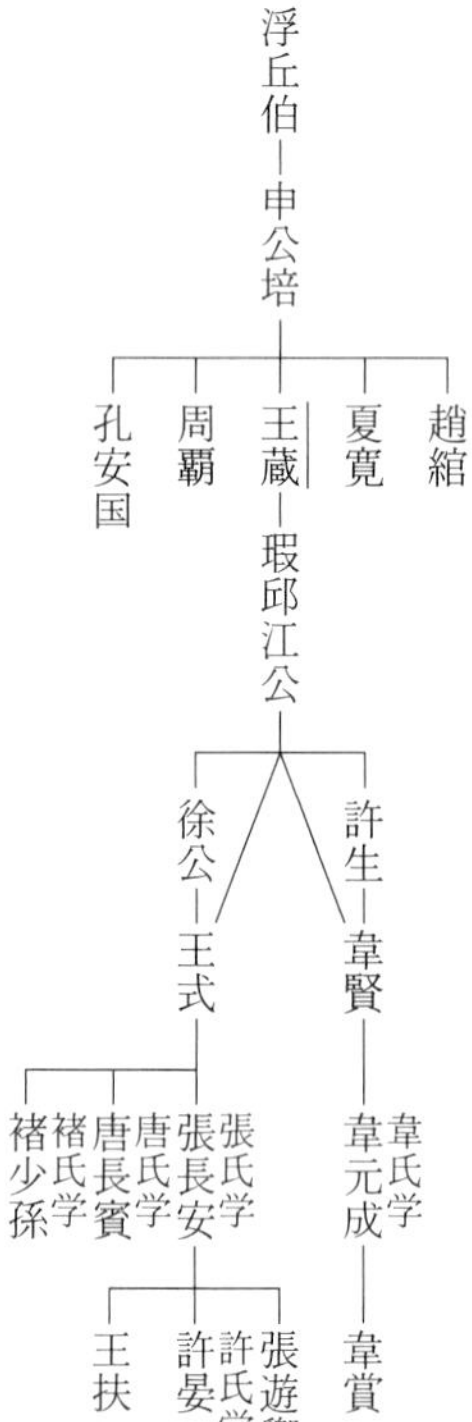

斉詩

轅固生—夏侯始昌—后蒼
- 翼奉
- 匡衡《きょうこう》
  - 師丹
  - 満昌
    - 張邯
    - 皮容
  - 伏理
- 蕭望之

韓詩

韓嬰(内外伝)
- 賁生《ひせい》
- 趙子
  - 食子公—栗豊—張就
  - 王吉—長孫順—髪福

又た魯人、大毛公訓詁を作りしを河間献王、得て之れを献じ、小毛公を得て博士とせり。然れども学官には立たざりき。陸機毛詩草木鳥虫魚疏に其の伝来を記して左の如くせり、

孔子—卜商—曾申—李克—孟仲子—根牟子《こんぼうし》—荀卿—毛亨—毛萇《もうちょう》

とあり。この毛亨は大毛公、萇は小毛公なり。大毛公の伝とは即ち今日の毛伝と云へるものにして、漢書芸文志に毛詩故訓伝三十巻とあるこれなり。抑ゝ《そもそも》漢儒は一経専門にて、経師家

法ありて敢て其の範囲を脱する事能はず。其の説も以上の四家により、大に違ひたりしなり。例せば関雎《かんしょ》の詩は毛伝によれば、后妃の徳を美《ほ》めたるものとなせど、魯詩には周康王の皇后を刺《そし》りたるものとせり。後漢書楊賜《ようし》伝に「康王一朝晏起、関雎見幾而作」又漢書杜欽伝「佩玉晏鳴、関雎歎之」とあり。これ魯詩を引きたるなり。芣苢《ふい》の詩は序に「后妃之美也、和平則婦人楽有子矣」とあれど、これは蔡人《さいひと》の妻、夫の悪疾あるにより、其の母改嫁せしめんとせしを親の意にそはず亡《に》げて作りしものとなす。列女伝また柏舟の詩は韓詩には「衛宣姜自誓所作」李黄集解引韓詩とあれど、毛詩によれば、衛頃公《けいこう》の時「仁而不遇也、仁人不遇、小人在側」云々とあり。かくて、東漢の時になりても、矢張《やは》り四家並び行はれたりしが、其の上にて、斉魯韓の三家を盛んなりとす。然るに毛詩は謝曼卿、衛宏、鄭衆、賈逵《かき》など学者ありしが、馬融毛詩伝を作り、其の弟子鄭玄《じょうげん》毛詩箋を作れり。抑ゝ玄は漢学の泰斗とも云はる人にて、其の学百家を貫き、其の書に於て注せざるものなし（周易、尚書、毛詩、儀礼、周礼、礼記、論語）。玄も初めは韓詩を学びたりしが、後ち毛詩を喜び、ついに箋を作り其の意を敷衍せり。こゝに於て毛詩の勢力、他三家の上にあり。斉詩は曹魏に亡び、魯詩も西晋に亡び、韓詩も隋に亡び（今韓詩外伝のみ存せり）、毛詩独り行はるゝに至れり（三家の詩は宋王応麟が、古書より蒐集せしものあり、百に二三を存するに過ぎざれど参考とするに足るなり）。唯鄭君康成、毛公の忠臣たるを欲せしなるべきも、先儒も云ふ如く、鄭君の学は三礼にあり、礼を以て詩を解するに由り、往々扞格して通ぜず。また初め韓詩を習ひし故か、毛伝と反する所以て多かり、暫く関雎の第一章に就て云はんに、「関関雎鳩、在河之洲、窈窕淑女、君子好逑」毛伝は淑女を以て后妃とし、逑《きゅう》を「匹也、宜為君子之好匹」云々と解せり。鄭は逑を以て、「怨耦曰仇」、と解し、后妃が其の徳を以て衆妾怨耦するを以て和諧することとせり。これは、訓詁の異に過ぎざれども、魏王粛の時には大差なしとせず。*此れ詩を読むもの丶注意すべき点なり。唐南北を統一するも学なほ南北に分れてゐた。貞観中、太宗諸家説を殊にし、統一する所なきを以て顔師古、孔穎達等に命じて五経正義を作らしむ。此のとき、易は王弼《おうひつ》、礼記は鄭玄、春秋は杜預《どよ》、書は孔伝、詩は毛伝鄭箋《ていせん》を用い、劉《りゅう》炫《げん》劉焯《しゃく》毛伝と鄭箋と異なるを、強て同じからざるものを合せんとせしを以て通ぜざる所甚多し。これまた学者の注意すべき所なり。唯唐までは詩を説くもの、敢て毛鄭を議する莫《な》く、老師宿儒と雖も亦謹《つつしん》で小序の範囲を脱する事能はざりしが、宋に至り風気一変し、大昔の伝注に関せずして、争うて一家の説をなすもの往々あり。詩にては欧陽修詩本義十六巻なり。初めに論ありて以て毛鄭の失を正し、然る後断ずるに己の見を以てす。欧公の如き人なれば、強て古人と異を立つる人にあらず。唯理に悖り人情に合はざる如き処のみを改めたるなり。流石に詩文の大家の事なれば、経学者の如く窮窟ならず、却て詩人の意を得たりと思はる節多し。又た毛鄭に反対するものにては蘇轍《そてつ》の詩解なり。其の説毛詩の序を以て衛宏の作る所にして、孔子の旧に非らずとなし、唯其の首句を存し、余は尽《ことごと》く刪除せり。其の次は鄭樵の夾漈《きょうさい》詩伝及弁妄にて、小序は子夏の作にあらずと云ひ、尽く之れを削り去り、己の意を以て解釈を試み、朱子も初めは毛鄭によりしも、後昔時の失を悟り夾漈の如く、序を信ぜず、自家の説を立てたり。

詩序は猶今日詩人の命題の如きものにて、述作の意を述ぶる所以のものなり。蓋し詩中国風の如きものは、主に民間の歌謡になりしものなるを以て、単に詩のみにて、其の何事を歌ふものなるやを知るを得ず。即ち此の各篇の首に冠せる序、例せば関雎、「后妃之徳也、風之始也、所以風天下而正夫婦也、故用之郷人焉、用之邦国焉」とか「免罝后妃之化也、関雎之化行、則莫不好徳賢人衆多也」とあるが如きこれなり。これぞ斉魯韓三家の詩にありし序なるが、今は亡し。今存するものは毛詩の各篇首にあるもののみなり。これぞ詩を解する唯一の標準となり居るなり。然るにこの詩序の作者に付き、古来学者の説紛々とし決する所なし。㈠大序を子夏の作にて、小序を子夏毛公合作せしと云ふ説あり（鄭玄詩譜）。㈡後漢衛宏の作となす説（後漢書伝）。㈢子夏の創《はじ》むる所にて、毛公衛宏等の潤益せしとなすもの（隋書経籍志）。㈢子夏惟初句を載せりと云ふ説（唐成伯璵）。㈣首句を以て孔子の題する所となすもの（蘇軾）。其の他王安石は詩人の自製するものとなし、程明道は大序を以て孔子の作となし、小序を以て国史の旧文となせり。かく議論紛々たりしが、鄭樵に至り始めて村野妄人の作る所にして、取るに足らずとなし、排撃余す所なく己が意を以て解釈を試みたり。朱子も始めは序を信ぜしが、後樵の説に和し全く序を排したり（楊慎は朱子の同時に呂東萊、甚小序を尊びしより、其説を変じたりと云へど、此れ意度の詞にあらざるか）しより、説詩者に序を信ずるものと、序を信ぜざるものとの二派に分れ両家角立せり。蓋し余輩を以て其の是非を批判する事、容易の事にあらざれど、四庫全書提要に

「鄭玄之釈南陔曰、子夏序詩篇義合編、遭戦国至秦而南陔六詩亡、毛公作伝、各引其序、冠之篇首、故詩雖亡而義猶在也、（中略）朱鶴齢毛詩通義序、又挙宛丘篇序首句与毛伝異辞、其説皆足為小序首句原在毛前之明証」

此の論当たれりと云ふべし。尤《もつとも》其以下は後人の附加せしものもあるべし。文章の上より見ても、一人の作にあらざるに似たり。兎《と》も角《かく》も、古きものなれば、此れに由りて詩を解するより外に致方《いたしかた》なし。若し序なくんば、的なきに弓を放すが如く、其の正鵠《せいこう》を得る事難かるべし。されば、朱子の如きは序を廃し、毛鄭より別に一家を立てるも其の説大に異なり、今より其の二三の例を示さん。詩集伝八巻、其解国風に於て古義と異なるものあり、邶風《はいふう》静女の詩、

「静女其姝、俟我於城隅、愛而不見、搔首踟躕、静女其孌、貽我彤管、彤管有煒、説懌女美」云々淫奔期会の詩を以てす。然れども毛伝によれば、

「女徳貞静而有法度、乃可説也、姝美色也、俟待也、城隅言高而不可踰也」云々

王風丘中有麻に、

「丘中有麻、彼留子嗟、彼留子嗟、将其来施施」云々

朱伝に、

「婦人望其所与私者而不来、故疑丘中有麻之処復有与之私而留之者」云々

と解せり。古義によれば

「丘中有麻思賢也、荘王不明、賢人放逐、国人思之而作是詩也」云々

留、劉と通ず。漢書地理志、水経注などにあり。鄭風に

「狡童刺忽也、不能与賢人図事、権臣擅命也」云々

とあり。朱子は

「淫女見絶、而戯其人之詞」

となす。同じく鄭風に

「風雨凄凄、鶏鳴喈喈、既見君子、云胡不夷」

序に

「風雨思君子也、乱世則思君子不改其度焉」

朱子は

「風雨晦冥、蓋淫奔之詩」

とす。又

「子衿刺学校廃也」

とあり。

「青青子衿、悠悠我心、縦我不往、子寧不嗣音」

此れも淫奔の詩となせり。かく朱子の集伝によるときは、男女淫奔誘して作るとなすもの二十四なり。堂々たる聖経に列するを得んや。此れ「思無邪」之訓に違背なるにあらずや。左伝に

「季札来聘、請観周楽、而所歌者邶鄘衛鄭皆在焉」

若《も》し里巷狭邪に用ゆる所ならば、則ち

「周楽安得有之、而魯之楽工亦安能歌異国之淫詩乎」

此れ蓋し論語鄭声淫の三字に泥《なず》みしものなるべしと先儒も論ぜり。其他朱子説詩の方、仮令へば比賦興にても異なれり。比は一事を以て他事に比して本意をあらはさゞるもの。「螽斯羽、詵詵兮、宜爾子孫、振振兮」これ比なり。

先づ大義を主としたるものは

毛詩注疏　毛亨伝　鄭玄箋　孔穎達疏

呂氏家塾読詩記　宋呂祖謙撰

毛鄭を墨守したるものなり

続呂氏家塾読詩記　宋戴渓撰

詩緝《ししゅう》　宋厳粲《げんさん》撰

明何《か》楷《かい》　詩経世本古義　二十八巻

○朱子集伝　八巻

詩童子問　宋輔広撰

○詩伝通釈　二十巻

序をとりしもの

詩本義

詩集伝　蘇轍撰

毛詩伝疏　三十巻　陳奐《ちんかん》

単行

毛詩後箋　胡承珙《こしょうきょう》

毛詩伝箋通釈　三十二巻　馬瑞辰

毛詩稽古編　二十巻　陳啓源

朱子集伝をうつ　毛伝　鄭箋を以てこれをたすく

元劉瑾撰、大旨在於発明集伝
○詩伝旁通　十五巻
元梁益撰
詩経大全　集伝を以て試士
明胡広等奉勅撰　永楽中所修五経大全之一也、大概本劉瑾詩伝通釈、顧炎武日知録、朱彝尊経義考並排撃之、
○欽定詩経伝説彙纂　二十巻序二巻
康煕末御定、集伝を以て本とし、古義の摩滅すべからざるものに附録して以て闕を補す
欽定詩義折中　二十巻　乾隆中朱子説を訂正す

書

書は上古帝王の号令訓言、諸賢臣の嘉謨《かぼ》善謀を纂《あつ》めたるものなり。抑〻《そもそも》昔は左右史あり。左史は事を記し、右史《うし》は言を記す。事を記したるは春秋にして、言を記したるは書即ちこれなり。されば荘子にも、書道政治*とある如く、二帝三王の己れを修め人を治むる大経大法、此に於てこれを見るを得べく、儒家道徳の根本思想此に於て明にするを得べきなり。書はまた尚書とも云ふ、漢孔安国は其の上古の書なるを以て、之れを尚書と謂ふと云へり（尚書孔序）。尚書璇璣鈐《せんきけん》には「尚者上也、上天垂文、象布節度、書也如天行也」と云ひ、また魏の王粛《おうしゆく》は上の下に命令したる言を史が書したるもの故、尚書と云ふとあり、余は王粛の説を允当《いんとう》なりと信ず。されど書に尚の字を冠するは先秦に見ず、論孟などには皆多く「書曰」とあり。左伝などにも「周書」「夏書」などと云ひて、尚書と云はず、何れ漢儒伏生の如きもの創《はじ》めたるならんと思はる。

＊ 荘子には、このまゝの句は見えない〔荘子天下篇に「書以道事」とある〕。

書は今日吾人が有する支那古典中にありて、最も古き経籍なるが、或は世界に於て最古のものなるや知れず。併し支那上古にありて、猶ほ古きものありしは一の疑問なるべし。それは何如と云ふに、孔安国が尚書の序に、「古者伏羲氏之王天下也、始画八卦、造書契、以代結縄之政、由是文籍生焉、伏羲神農黄帝之書、謂之三墳、言大道也、少昊顓頊高辛唐虞之書、謂之五典、言常道也、（中略）八卦之説、謂之八索、索求其義也、九州之志、謂之九丘、丘聚也、言九州所有、土地所生、風気所宜、皆聚此書也」と云へり。併し此の孔序は古来学者の信用せざるものにて、今日は偽書と確定し居れば、此れを以て論拠となす事能はざるも、其の他、周礼《しゅらい》春官の内に外史と云へる職あり。三皇五帝の書を掌《つかさど》る由見ゆ。三皇五帝の誰れなるやは、古来諸説紛々として決せざる所なれど、堯舜より以前の書も含む事勿論なり。また左伝昭公十二年に、楚霊王が左史倚相《いしょう》を是れ能く三墳五典八索九丘を読むものなりと云ひし事見ゆ、又列子に「谷神不死」云々の語あり。これは今老子に見えたれど、列子には「黄帝書曰」とあり。又た今日漢医の金科玉条と貴ぶ黄帝素問経は黄帝と岐伯との問答をのべたるものなり、（又孟子に許行と云へるものが神農の言をなすものありし由見え、）此れは勿論黄帝のときに成りしものに非るべしと雖も、所謂周諸子百家のうち、堯舜以前の帝王に依託するもの多きを見るときは、或は上代に猶ほ旧き書籍ありしやと思はるゝなり。併し上代の事は全く悠遠にして、信を措くを得ざるを以て、孔子周室に至り、上唐虞《とうぐ》夏《か》より、下秦穆《しんぼく》に至るまで百篇を删りたるなり。司馬遷「学者多称五帝尚矣、然尚書独載堯以来、而百家言黄帝、其文不雅馴、薦紳先生難言之」と云へるは、即ち是れなり。偖《さて》此の書百篇は、孔子より門弟子に伝へ皆其の義に明かになりしが、秦書を焼くに及び、此の書先帝先王の治道を載せ、秦の政策と全然反対するを以て殊に之れを悪《にく》み、其の滅絶に務めたるを以て、余す所幾《いくばく》もなかりしなり。然るに漢の文帝のときに、何如《いか》でか此の書を得んと思はれたるところに、済南の人、伏生（勝）と云へるものあり。先秦の博士なりしが、初め秦書を焚きしとき壁に蔵したりしも、其の後兵乱に逢ひ其の多分を失ひ、再たび取り出し見れば、唯二十八篇を余すのみ（後宣帝のとき出でたる太誓を合せて二十九篇となすと云ふ説あり）。孝文のとき尚書を治むるものを求めしが、伏生の名をきゝ、之れを召さんとせしも、年九十余、老《おい》て行く事能はざりしかば、鼂錯《ちょうそ》をして往きて之れを受けしむ。錯漢隷（当時通行の文字）を以て写しとりし故、此れを今文《きんぶん》尚書と云ふなり（漢志経二十九巻）。或は曰く、此の時伏生年老いて言暁《さと》るべからず、因りて其の女《むすめ》をして其の言を取継がしめたり。伏生の女は斉人、錯は潁川《えいせん》の人にして言語理解せざる事十に二三なりしが、錯は其の意を以て属読《しょくどく》せしのみ。此れ今文尚書の読み易き所以なりと。これ衛宏の定古文尚書序にある由唐顔師古の注に見ゆれど信ずるに足らず。偖伏生は尚書を以て斉魯の間に教えしが、学者益〻盛んなりしが、其の門人に張

生・欧陽生などありき。今其の伝受表を示せば

今文尚書

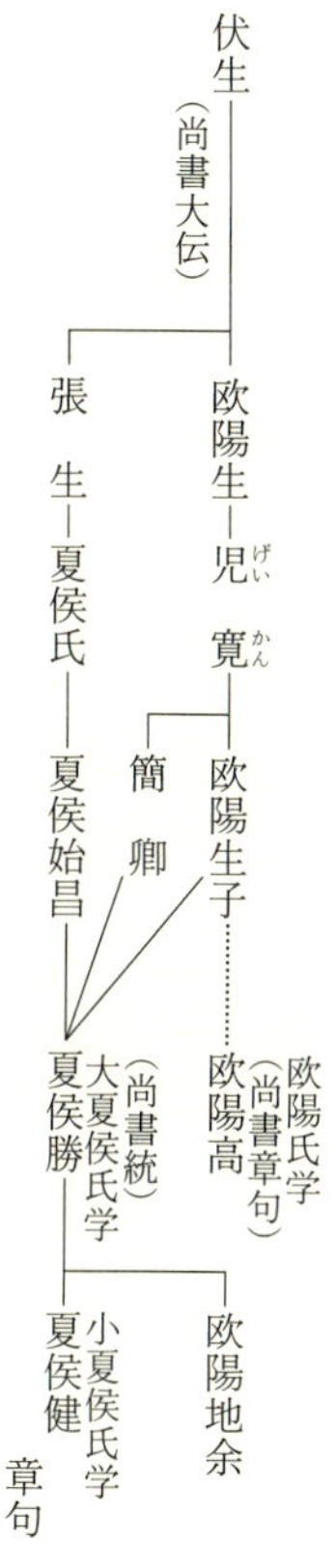

又た魯共王（恵帝の子）、孔子の旧宅を壊せしとき、壁中より尚書及び礼記・論語・孝経凡数十篇を得たり。皆科斗《かと》の文字を以て写したるなり。時に古文を読むもの少なかりしが、孔氏の後たる孔安国悉く其の書を得て、伏生の今文を以て之れを読みたるが、伏書よりも多き事十六篇なりき。其の書科斗の古文字よりなれるを以て、これを古文尚書と云ふなり。即ち孔子の百篇の書は終に見る事能はざるなり。

因に曰ふ。秦火以前、尚書が徐福に由り我国に伝へられ、後世に至る迄存在し居るとの想像は、彼国学者の一般に抱きし所にして、欧陽修の日本刀歌にも、「伝聞其国居大海、

土壌沃饒風俗好、前朝貢献屢往来、士人往往工詞藻、徐福行時書未焚、逸書百篇今尚存、令厳不許伝中国、挙世無人識古文」云々とあり、又たゼームス・レッグも其の英文書経の序論に於て、日本も開港許したれば、国中の書籍も探求をして、秦火以前の尚書を得る事近きにあるべしと云へり。

後ち安国の家之れを奏上せしが、恰も巫《ふ》蠱《こ》の変ありて学官に立たざりしが、これを以て学徒に授けしが、其の門流も多かりき。

古文尚書

孔安国
- 都尉朝—庸生—胡常—徐敖
  - 王璜
  - 塗《と》惲《うん》
- 司馬遷
  堯典禹貢洪範諸篇を載するに、古文説多し。

光武中興するに及び、杜林、古文尚書を伝へて、賈逵、馬融、鄭玄皆これに注を作れり。
然れども其の注せしものは、伏生の書にある二十九篇丈にして、他の十六篇は注せず。

以上述べたる如く、書に三種あり。一は伏生の今文二十八篇、此れは安国今文によりて古文を読みしとき、其の内盤庚《ばんこう》を分ちて三篇とし、顧命を分ちて康王之誥となしゝにより、後ち出でたる太誓篇を加ふれば、三十四篇とも数ふるなり。(二)は孔安国の古文にて、伏書より十六篇増多せるものなり。然れども十六篇の内、九共九篇あれば、此れを一つに数ふれば、二十四篇となる。伏書の三十四篇と合して、五十八篇となるなり。(三)は梅賾《ばいさく》の上《たてまつ》りし古文にて、伏書の内より太誓を削り去り、又た堯典の一初をさきて舜典とし、皐陶謨《こうようぼ》の半《なかば》をさきて益稷《えきしょく》として、此こに二十五篇を増多せしものにて、すべて五十八篇あり。然るに安国の古文は、東漢、衛宏・賈逵・馬融・鄭玄の諸儒これが注釈をなせしも、増多十六篇或は二十四篇には、別に注をなさざりき。されば馬融も「逸十六篇絶無師説」と云ひし事これなり。蓋し漢家学を重んじ、尚書を習ふものは皆二十九篇のみ。孔壁の文に至りては、之れを逸書と謂ひて、伝ふるものなかりき。故に晋永嘉の乱に亡び、其の後ちは、世に行はれしは三十四篇のみ。東晋梅賾孔安国古文を上《たてまつ》るに及び、増多二十五篇あり。而して其の篇名次第、孔壁増多のものと異なり、又た孔伝を附す、実に怪しむに足る。然れども、唐正義を撰するや、梅賾古文孔伝によりしものから、世令甲となり敢て之れを議するものなかりき。然るに、宋に呉棫《ごよく》(才老)と云へるもの始めて説をなして曰く。「安国の増多の書、皆文従ひ字順《したが》ふ、伏生の書の詰曲聱牙《ごうが》、読むべからざるに似ず」云々。朱子亦古文に疑ひを挟めり。曰く「書有古文、有今文、今文乃伏生口伝、古文乃壁中之書、禹謨説命等篇凡易読者皆古文、况又是科斗書、以伏生書字文、攷之方読得、豈有数百年壁中之物、安得不訛損一字、又卻是伏生記得者難読、此尤可疑、今人作全書解、必不是」（語類七十八）と云へり、されども性を言ひ心を言ふの語、宋人以て教を立つもの、多く古文の内にあり。例せば、「人心惟危、道心惟微、惟精惟一、允執厥中」の如きは、古文大禹謨《だいうぼ》にあり。されば之れを疑ひながら、全く之れを排撃する程にはなかりしなり。蓋し朱子は他の経書には大概注を書きしかども、書には手をつけず、門人蔡沈《さいちょう》に命じて、書集伝六巻を作らしめたり。朱子没後に至り書の成りしが、蔡序によるときは、「二典禹謨先生蓋嘗是正」とあれば、三篇は全く朱子の定説と見て差支えなかるべし。其の他も朱説を引用したるに似たり。されば此の書は朱子学者の尤も尊重するものなり。勿論此の書には今文・古文共に注を下し、篇の下に「今文有古文有、古文有今文無」などと注意しあり。其の後元趙孟頫《ちょうもうふ》、今頗古文を疑ひしが、書集伝の注をかきしとき、今文古文を分編せり。*次に呉澄草廬に至りて、始めて朱子の意を祖し、断然二十八篇を以て伏生の著となし、之れに注をなし余二十五篇は別に巻末に寘《お》き、後の学者をして上古所伝の書の信ずべきものは此れのみなるを知らしめんとせり。其の後明梅鷟《ばいさく》（尚書考異）、郝敬《かくけい》（尚書弁解）、帰有光（尚書叙録）等出て古文を攻めしも、何れも薄弱にして、未だ其の疑を決するに足らざりしが、清に至り閻若璩と云へる大儒出でたり。若璩字《あざな》百詩、太原の人なり。生れて口吃性鈍、六歳小学に入り、読書千遍皆誦する事能はず。年十五、冬夜書を読みしが扞格《かんかく》通ぜず、憤悱《ふんぴ》寝《い》ねず、堅坐沈思せしに、心忽開朗なり。是れより穎悟異常なるありきと云ふ。年二十尚書を読み、古文に至り即ち二十五篇の譌《いつわり》を疑ひ、尚書古文疏証を著はせり。

＊　経義考（巻八十五）に趙氏孟頫書今古文集注とあり。

伏書篇目

堯典　皐陶謨　禹貢　甘誓　湯誓　盤庚　高宗肜日《ゆうじつ》　西伯戡黎《かんれい》　微子　牧誓　洪範　金縢

大誥《たいこう》　康王之誥　酒誥　梓材　召誥　洛誥　多士　無逸　君奭《くんせき》　多方　立政　顧命　費誓

呂刑　文侯之命　秦誓

尚書正義　旧本題漢孔安国伝唐孔穎達疏

東坡書伝　十三巻　宋蘇軾撰

尚書全解　四十巻　宋林之奇撰

書集伝　六巻　宋蔡沈撰

　書蔡伝旁通　元陳師凱撰

書纂言　四巻　元呉澄撰

書伝大全　十巻　明永楽中翰林学士胡広奉勅撰於五経大全之中尚為差勝

欽定書経伝記彙纂　二十四巻　康熙六十年大学士王頊齢等奉勅撰、蔡伝之所不通必附録旧説以明古義

古文尚書考　恵棟

尚書後案　王鳴盛

尚書集注《しっちゅう》音疏　江声

古文尚書撰異　段玉裁

尚書今古文注疏　孫星衍

禹《う》貢錐指《こうすいし》　胡渭《こい》

易

易を説くもの、古来幾百家なるを知らず。乾隆間文淵閣に著録せしもの、其の数凡四百八拾五部の多に及べり。要するに、易は卜筮《ぼくぜい》の書にして、天道を推して人事を明にするにあり。其の起原多くの野蛮人種に行はる「リビネーション〔divination〕」の類にして、極めて、単純なるものなりしならん。唯後世となりて、各〻《おのおの》種々の理窟を附したるを以て、遂に高遠となりしなるべし。また、易包む所甚だ広く、支那古代の天文・地理・楽律・兵法・韻学・算術等の諸学に至るまで、易理を加味せざるなし。されば経書中にありて、易の研究ほど困難なるものはなかるべし。

易　伏羲《ふつき》にはじまる。これは繫辞伝下に「古者包羲氏之王天下也、仰則観象於天、俯則観法於地、観鳥獣之文与地之宜、近取諸身、遠取諸物、於是始作八卦、以通神明之徳、以類万物之情」とある即《すなわち》是れなり。伏羲蓋し天地に陰陽の二気ありて万物化生し、また其の陰陽に奇耦《きぐう》の数あるを見て、一奇⚊を画《か》きて以て陽に象《かたど》り、一耦⚋を画き以て陰に象どる。一陰一陽また各一陰一陽を生ずるの象あり。故に下よりして上に再倍して、以て八卦をなすなり。

乾 天父君 ☰　坤 地母臣 ☷
震 雷長子 ☳　巽 風長女 ☴
坎 水中子 ☵　離 火中女 ☲
艮 山少子 ☶　兌 沢少女 ☱

これで天下の事物を尽《ことごと》く網羅す。蓋し、陰陽二気は支那人種が古来より有せし根本思想にして、決して伏羲一人の発明には非ざるべし。輓近《ばんきん》泰西の支那学者には、これの思想は支那民族が支那に移転せしとき、其の本地なるバビロニヤ、アッシリヤより持来りしものとなす。併しこれは歴史未だ十分に証明されざる事なるを以て、先づ支那固有の根本思想となし居くべし。偖《さて》この八卦は又た互ひに重なりて六十四卦となる。重卦の人は果して誰れなりしや。これには種々異説あり。或は伏羲八卦を作り、文王六十四卦を演ずとなす（司馬遷の如き）。併し周礼太卜「掌三易之法、一曰連山、二曰帰蔵、三曰周易、其経卦皆八、其別皆六十有四」云々とあり。連山は神農、帰蔵は黄帝の易なり。これによりて、重卦が文王に創《はじ》まらざるを知るべし。文王に至り、始めて卦を演じ辞を作りたり。即ち一卦の歴史を断ずるもの、繋辞に「易之興也、其於中古乎、作易者其有憂患乎」と云ひ、又た「易之興也、其当殷之末世、周之盛徳乎、当文王与紂之事邪、是故其辞危」云々とあり。漢書芸文志にも、「人更三聖、世歴三古」云々の語あり（三聖とは伏羲・文王・孔子、三古とは上古・中古・下古）。然るに、馬融・陸績等の諸儒は、文王辞は卦辞に止まり、周公爻辞《こうじ》を作れりとの説を唱ふ。周公作爻辞の事、他の書に見えざれど、爻辞中に、「王用亨于岐山」「箕子之明夷」など云へる語、王は文王の事、箕子《きし》は文王より以後の人なり。されば爻辞を以て文王の手になるものとしては不都合なり。孔穎達《くようだつ》云ふ。「左伝韓宣子適レ魯、見二易象一云、吾乃知二周公之徳一」云々とあり。爻辞周公の作となす不可なきに似たり。今案ずるに、「人更二三聖一」とあるは、「文王本有此意、而周公述而成之、故繫之文王、而不繫周公也」。

偖前に述べしが如く、易は卜筮の為めに出来たるもの、即ち人をして凶をさけ善に就かしむ。是易の人に教ゆる深切なるものなり。卜筮の書なるが故に、周礼にも大卜《たいぼく》の職ありてこれを掌り、又た諸侯にも其のかゝりあり。左伝などを見れば、戦、其の他に大事ある毎《ごと》に、卜筮をなせし事を見るべし。尤も其のときの易の中には周易を用いたる処、他の連山・帰蔵を用いたる所もあり。孔子も韋編《いへん》三たび絶つと史記などに見ゆる如く、非常に愛好されしなり。尤も孔子は己れはこれを研究されしも、通例門人に課業として教えられしは、詩書礼楽《れいがく》なり。論語に易に付き孔子の述べたるは、唯二箇所あるのみなり。孔子は易を翫味して、彖《たん》伝《でん》・象伝・繫辞・説卦・文言等を作れり。大易の意味を敷演《ふえん》するにあり。此れを十翼と云ふ。

然るに此れには古来異説ありて孔子の作にあらずとなすものあり。宋の欧陽修は「若十翼之説不知起於何人、自秦漢以来大儒君子不論也」と云ひ、葉適《しょうてき》も孔子が十翼を作りし明証なしと云ひ、高似孫も亦た文言に云ふ「元者善之長也」云々の語、左伝に載する所、穆姜《ぼくきょう》の辞と同じ。孔子は襄公二十二年に生る。史此の筮をなすは乃《すなわち》襄公九年なり。則ち孔子の先にあるなり云々。日本にても伊藤仁斎などは、此の説なり（語孟字義）。併し、此れ等の説一《ひとつ》も確証あるにあらず。また左伝の言葉と同じと云へど、孔子は述《のべて》而不作《つくらず》主義にて、何事にも古語を引かれたるものなり。論語中孔子の言葉としてあるものの中に、左伝等の古書にあるもののあるにても知るべし。ここに矢張り十翼は孔子の作となす方適当ならんかと思はるゝなり。

さて六経秦火に遇ひしとき、易のみは卜筮の書なればとて、其の厄を逃れたるを以て、漢には色々の易学者出たり。今漢書儒林伝に見るに

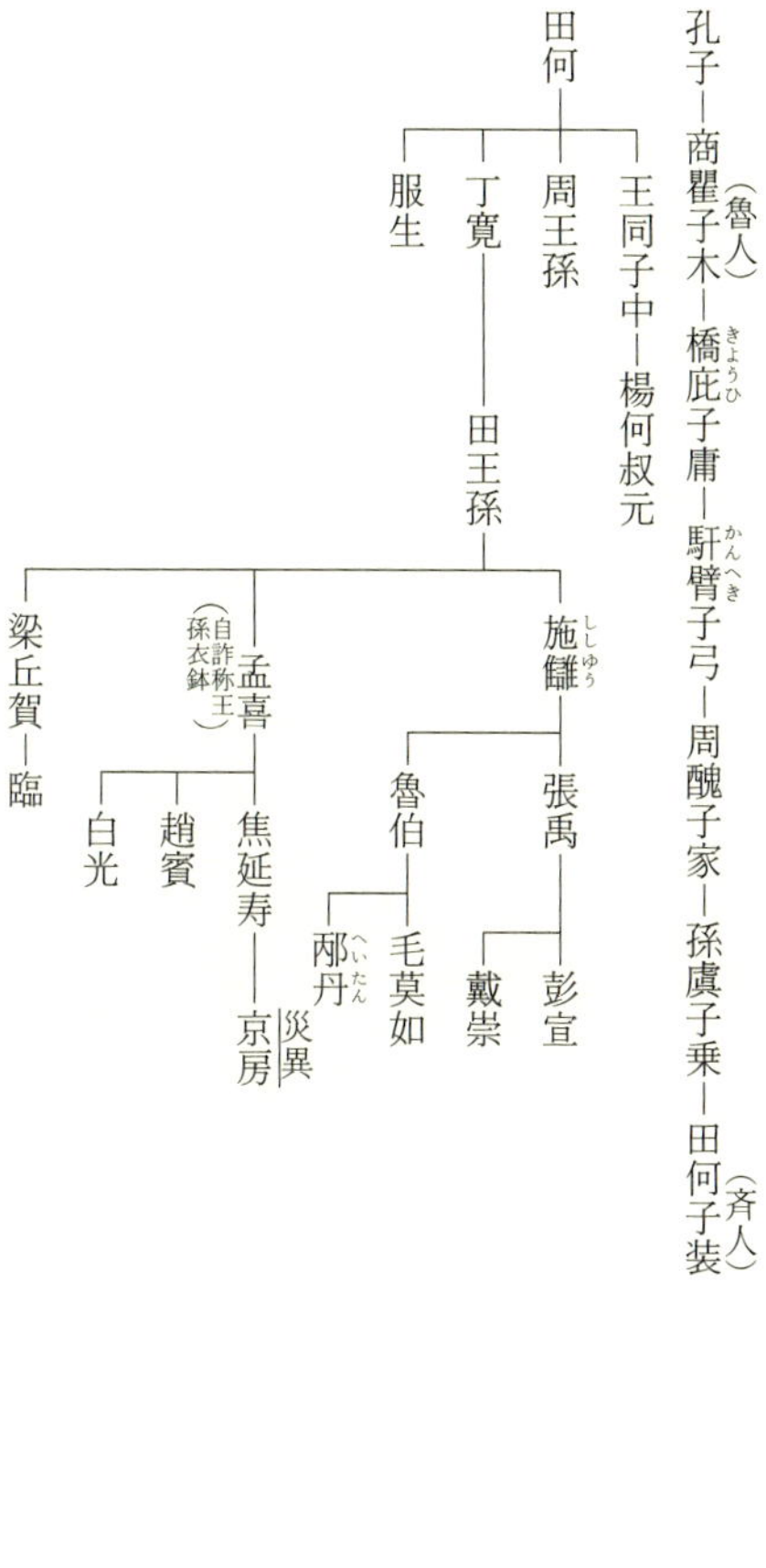

宣元の際

漢書易十三家二百九十四篇

以上皆学官に列せられしが、民間別に費高二家の説あり。費氏は名直、字長翁と云ふ。易を治む。章句なしと雖も象・象・繫辞十篇を以て上下経を解説せるのみ。高氏は名相、此れも易学者なり。何れも学官にたてられざりしが、三家衰へて費氏独り盛んなりき。東漢荀爽・鄭玄、三国には劉表・虞翻・陸績などあり、何れも易につき解釈をなせり。

易学者に二派あり。㈠は主象派、㈡は主理派なり。前者に属するものは、易を以て卜筮の書とみる人々なり。後者に属するものは、易を以て聖人が理を説きたるものとなすものなり。而して漢儒は前者に属す。象とは繋辞に「是故易者象也、象也者像也」とか「易有聖人之道四焉、以言者尚其辞、以動者尚其変、以制器者尚其象、以卜筮者尚其占」などとありて、所謂「カタチ」なり。即ち八卦は天下万物有形無形の形象を写したるものにて、説卦伝に「乾健也、坤順也、震動也」とか「乾為馬、坤為牛、震為龍」とか乾父、坤母、雷長子と皆卦にそれぞれの象ありとなす。故に易の文句を解す。然れども文を案じて卦を責むるに至り、一々適合せざる場合多し。屯（如乗馬班）の馬ありて乾なく、離（畜牝牛吉）の牛ありて坤なし。乾に龍ありて、坤に牝馬あるが如き説卦の云ふ所と反す。是に於て互体、変卦の説あり。大《おおい》に傅会穿鑿に近し。然るに魏に王弼《おうひつ》（輔嗣）と云へるもの、易を研究して易注六巻を撰す。漢儒の象を廃して、全く理を以て之れを説けり。其の意以為《おもえ》らく、理は形なし故に象を仮りて以て義を顕はす。易象あるは詩の比興、孟子の譬喩あるが如く、実象あるにあらず。此れ漢儒が全く象に仮して陰陽災異に流る敝《へい》を矯正せしものにて、一の進歩とすべし。伝へ云ふ。弼が易を注せしとき、鄭玄の木偶を作り、其の誤を見るときは、輒《すなわ》ち之れを叱したりと云ふ、以て其の漢儒と敵をなせりと云ふべし。然れども王弼は老荘学者で、（弼の老子注今に行はる。）其の説く所の理は老荘虚無の理にて、つまり老荘流の見解を以て易を解せり。其の著しき例を示せば、繫辞伝に（韓康伯の注なれど、王弼と同説と見て差支なし。）「一陰一陽之謂道」の解に、「道者何、无之称也、无不通也、无不由也、況之曰道、寂然无体、不可為象、心有之用極、而无之功顕」云々とあり。まるで老荘流の口吻なり。抑ゝ孔孟の学と老荘の学とは、根本的に異なるものなるを、弼に至りて、其の学を以て易を解せしより、儒者の側よりは反対多く、甚しきは、弼を以て其の悪桀紂《けっちゅう》に過ぐなど云ひし人あり。然れども、魏晋より老荘清談の影響を受けて、弼の外にかゝる解釈をなすもの甚だ多く、独り之れのみならず、六朝になりては、仏教も大に流行せしより、釈氏の説を以て易を解せしもの多くなりしよしは、周易正義孔穎達序の中に見ゆ。蓋し易は他の経書と違ひ、「一陰一陽之謂道、精気為物、遊魂為変、是故知鬼神之情状」とか、「原始反終、故知死生之説」など随分仏教の臭味ある文句多き所以にもよりしならんや。

偖《さて》弼の易解は兎《と》も角《かく》、世に歓迎されしが、其の大流行せしは江南の宋斉などにて、中原の地にては、漢易行はれ、鄭玄の経、大に士大夫の間に行はれたり。唐太宗諸儒に命じて義疏を作らしめしとき、易は鄭玄を廃して王弼を用い、孔穎達正義を作れり。今の十三経注疏の首《しゅ》にあるもの即ちこれなり。此の漢儒伝来の旧説亡びたるは、洵《まこと》に惜しむべき事なり。

因《ちなみ》に云ふ、鄭玄の易説は宋の王応麟（伯厚）、諸書に散見せるものを撮取し、周易鄭康成注一巻を作る。清恵棟、重ねて補正をなす。凡応麟の書、已に載る所の書は一々原本を考求し、其の何書より出るを注したり、元より玄本書の一部なれども、以て漢易の一斑を窺ふるに足り、洵《まこと》に重んずべきものなり。

次は周易集解十七巻。唐李鼎祚《りていそ》撰、鼎祚は漢易を崇び、子夏孟喜以来三十五家の解を集めたるものなり。其の序文に曰く、「刊輔嗣之野文、補康成之逸象」とあり。以て其の著書の趣意を知るべし。漢易遂に亡びたる後にありて、其大略を察するを得るは、幸に此の書の存するに由るのみ。

宋の世になりては、学風又た一変し、漢唐注疏は之れを高閣に束《つか》ね、専ら己の意を以て経を解する風、流行したれば、易も諸家により見解を異にせり。此の内にて後世、宋学者の金科玉条となすものは、程子の伝と、朱子の本義なり、程伝とは程伊川の著なり。序にも

「吉凶消長之理、進退存亡之道、備於辞、推辞考卦、可以知変、象与占在其中矣」

と云ひ又た

「所伝者辞也、由辞以得其意、則在乎人焉」

とあるが如く、全く理を以て解したるものなり。其の理たるや王弼の玄理とは異なりて、世の治乱、人の得失等に重きをおきたるものにて、洵に面白きものなり。

礼

礼は他の経書と異り、法制典例の大より、揖譲《ゆうじよう》進退の細に至るまで、皆有形のものにて、之れを説くにも実物に徴せざるべからず。唯心を以て空に道理を説くの比にあらず。故に我輩が之れを研究するには、乾燥にして味薄き割合に、困難は他の経書よりも多し。併し此の礼たるや、今日までも支那の制度より風俗習慣の上に密接なる関係を有し、また此の礼よりして、支那聖賢の道徳経礼に対する思想を窺知《うかがいし》るを得るを以て、之れを廃する能はざるなり。

礼は周礼儀礼礼記《しゆらいぎらいらいき》の三に分る。周礼は周の官制を述べたるもの、儀礼は冠婚喪祭の細則、儀式威儀動作の細目を述べたるなり、礼記礼運に「経礼三百曲礼三千」とあるは、経礼は周礼を指し曲礼とは儀礼をさす。礼記は儀礼の注の如きものにて、漢儒の編纂せしものに係る。

周礼

周礼は一名周官とも云ふ。漢書芸文志に「周官経六篇」、顔師古注に「即今之周官礼也」とありて、これによりて見れば、漢には周官と名づけしものならん。蓋し周官は、周公が成王を輔《たす》けて政《まつりごと》をなせしとき、周一代の制度を作り以て王に与へしものなりと云ふ。今これを見るに、官を天地春夏秋冬の六官に分つ。天官は、天の万物を覆して包ねざる所なきに譬《か》ふ。即ち他の五官を統御するものにて、長を冢宰《ちょうさい》と云ふ。又た其の他の五官と並立する点よりすれば大宰と云ふなり。冢宰は天下の政治を総攬《そうらん》し、又た財政を主り、宮中を監督す。蓋し財政は国家の尤も重んずべきもの、又た人君政をなすには、先づ己の、その身を修むべし、若し声色にすさみ、小臣を寵せば、豈《あ》に身修むるを得んや。又た冢宰が仕事をなすにも、宮中府中と相離れ行はばなに事も出来ぬ故に、矢張り冢宰に附属せしめたるなり。宮中万般の事を掌る。故に其の配下も宮正・宮伯・内宰・内小臣・膳夫・庖人・九嬪・世婦・女御あり。又た財政を掌るより、大府・玉府・内府・外府・司会などあり。次は地官なり、長を司徒と云ふ。教育殖産を地官と称するは、司徒の万民を教えて之れを撫育する事、他の万物を載養するに似ると云ふより、しか云ひしものなり。司徒の下に小司徒あり、郷師あり、又た直接監督の任に当るものには師氏・保氏・司諫・司救等あり。地方には郷老・郷大夫・州長・党正以下の官吏ありて、其の政教禁令を掌り、牧人・牛人・草人・稲人・山虞《さんぐ》・林衡《りんこう》・川衡・沢虞・司市等ありて、山林・川沢・商賈《しょうこ》の事を掌る。三は春官なり。其の長を宗伯と云ふ。祭祀を掌る。其の春官と云へるは、春万物は恰《あたか》も人間の此の世に棲息するが如し。天子が宗伯を立て以て神に事《つか》へしむるは、即ち天下の本に報じ始に反らしむる所以なり。祭祀には音楽を用ゆるを以て、大師・磬師《けいし》・鍾師・笙師《しょうし》あり。神に事ふるに、典祀・守祧《しゅちょう》・鬱人・鬯人《ちょうじん》あり、又たト筮をなして吉凶を判断するには、大ト・亀人・筮人《ぜいじん》などあり。次は夏官。夏官は大司馬を長官とす。軍事を掌る。夏は万物を整斉す、猶ほ司馬が諸侯を平げ天下を正すが如きに譬ふ。其の下に小司馬・軍司馬等あり、司勲・司甲・司兵・馬質・掌畜・牧師、其の他の軍属あり。軍隊の編成、四時閲兵の順序方法、馬匹の養成等を掌る。次は秋官なり、其の長官を司寇《しこう》と云ふ。刑罰を掌る。秋は万物を粛殺すると云ふことあり、かく名《なづ》けしなり。其の属に小司寇・遂士・県士・方士（地方の裁判官）・司刑・司刺・司圜《しかん》・掌囚などあり。三詢《さんじゅん》・五声・八辟、或は五刑の種類、恩赦の場合など綿密にきめてあり。其の六は冬官なり。其の長官を司空と云ふ。土木、工事、冬官と云ふは農閑期に於て工事起るなり。河間献王、周官を得て朝に上りしとき、冬官一篇のみなし。故に考工記を得て之れを補ひたりと。然れども考工記は百工器を制する方法を説明したるのみにて、冬官所属の一部に過ぎず。冬官の余は見るべからず。

周礼の真偽に付きては、議論聚訟《しゅうしょう》の如し、周の何世迄行はれしか、其は後に申すべきが、此の書、戦国となりては、殆んど世に絶えたりしが如し。蓋し当時諸侯たるものは、日ゝ戦伐聚歛《しゅうれん》を事としたるが、其の為す所周礼と反対するを悪《にく》み、之れを廃したりしが、世人も能く之れを知らざりしものと見ゆ。其の証拠は孟子に北宮錡が周室の爵禄の制を問ひしとき、孟子が「其詳不可得聞也、諸侯悪其害己也、而皆去其籍、然而軻也、嘗聞其略也」云々（万章下）とあるにて知るべし。秦商君の法を用いしより、刑名を以て国を治め、以て富強を致し、始皇天下を一統するに及び、益ゝ苛法を施こしたり。其の政策、周の政治と全然反対なりしを以て、燔書の際、特に其の滅絶に務めたり。漢興り、先秦古書往々山巌屋壁の間より出でたりしが、河間献王之れを得て朝に上《たてまつ》れり。時に冬官一篇を欠く。王千金を以て購《あがな》ひしも得ず。遂に考工記を取りて以て其の闕《けつ》を補し、合はせて六篇となして之れを奏せり。然れども武帝は以て瀆乱不《とくらんふ》験《けん》の書となし、之れを信ぜざりしを以て、秘府に蔵《おさ》めしめしのみで、人の之れを知るものなし。後《の》ち劉向《りゅうきょう》父子が秘書を校するに至り、始めて之れを発見し録略に著はす。時に衆儒は並び出て、共に排して以て非となせり。歆《きん》独り其の周公、太平を致せし迹《せき》たるを知り、其の書の貴ぶべきを唱へ、王莽の時、奏して博士を置かしむ。之れより世に行はれたり。光武東漢の初、歆の弟子、杜子春と云へるもの、猶《なお》年且九十なりしが、周礼に精《く》しかりしを以て、鄭興衆《ていこうしゅう》父子、及び賈逵《かき》等従ひて学び、皆注を加へ（鄭玄《じょうげん》周礼注に鄭大夫とあるは興、司農とあるは衆なり、正義には興を先鄭《せんてい》と称し、玄を後鄭と称せり。）鄭玄また周礼注十二巻を著はせり。今日世に行はるゝもの即ちこれなり。蓋し玄は礼に長ずと云ふべし。周官玄に由りて伝はると云ふも不可なきなり。蓋し前にも述ぶる如く、礼は重《おも》に名物度数の学にして、空理によりてとくべからず。漢は古を去る事遠からざれば、其の説根拠ありて信を措くに足る。惟《ただ》後世より非難さるゝは、讖緯《しんい》を以て経をとくにありとの解等は、殊に其の著しきものなり。然れども玄の注は諸儒の上にありて、魏晋南北朝の間、此の学を改めしものあれど、之れにかはるものなし。唐正義を作るに及び、賈公彦《かこうげん》、鄭注《ていちゅう》により、疏四十二巻を作れり。即ち今日十三経注疏の一なり。抑ゝ鄭玄の注は時に簡奥にて、明晰ならざる所往々あり。又た周の官を説明するに、此れは今の某官に当ると云ふ。然れど漢は時代も古ければ、注に引く所の職掌明らかならざる所多し。賈疏は一々之れを疏通解詁し、又た時に唐の官制を比較せし所多し。宋儒は他の経書には解釈多く古人の未だ発せざる所を見《あら》はしたると見ゆる節も多けれど、其の長ずる所は義理にありて、訓詁・名物・度数にあらず、到底鄭注賈疏の上に出る能はず。朱子は流石に礼にも深かりければ、殊に賈疏を重じ、「五経疏中、周礼疏最好」といへり（朱子語類）。

　諸経のうち周礼最《もっとも》晩《おそ》く世に出でたり。周礼の真偽に付きて、諸説紛々として決する所なし。瀆乱不験の書となすものあり、戦国陰謀の書となすものあり、漢儒の傅会になると云ふものあり、宋に至りては殊に之れを疑ふもの多し。甚しきは劉歆の偽作になると云ふものあり。其の説く所を要するに、㈠封国の制、孟子と合はざるごとくなり。周礼の地官司徒に封国の彊域《きょういき》を規定しあるが、公五百里、侯四百里、伯三百里、子二百里、男百里とあり。然れども孟子によれば、「公侯皆方百里、伯七十里、子男五十里」とあり（万章下）。此れ周礼偽書たる証拠なり。㈡孟子に「文王之治岐、関市譏而不征、沢梁無禁、罪人不孥」とあり（梁恵王下）。然れども周礼によるときは、司関と云へるものありて関門の征を掌る。沢虞国沢の政令を掌り、之れが厲禁《れいきん》をなす。川衡時を以て其の守に令し、禁を犯すものは執らへて之れを罰す。秋官「男子入于罪隷、女子入于舂槀」云々の文句あれば、人を罪する、孥《ど》に及ばさゞるにあらずや云々。其の他周礼に批難多し。又た他に周礼を悪く云ふ原因は、劉歆の手より世に弘まりたると云ふ事なり。歆逆賊王莽《おうもう》の逆を助く。莽が王田・交易を設けたるは、歆の信奉する周礼によりたりと釈せらる。又た宋に王安石出でて、青苗《せいびょう》・均輸の法を出だす。其の目的は富源を謀りしが、人民大《おおい》に苦《くるし》み宋室之れを以て亡びたり。而して安石の依拠する所は周礼にあり。周礼地官に泉府と云へるものあり。「凡民之貸者、与其有司弁而授之、以国服為之息」云々とあるに本づけりと云ふ。蓋し思ふに、安石新法を制せんと欲するに、経典に出づるとせねば、人民が服せぬ故に、かゝる事を云ひたるものなるべし。兎《と》も角《かく》この二の事情によりて、之れを好まざるもの多き中に特に宋儒を然りとなす。

今これを案ずるに、封国の制の孟子と異なりたるは争ふべからざる事実なり。独り孟子のみならず、論語にも「可以寄百里之命」とあり。これ大国をさす、男国としては通ぜず。又た左伝にも、子産が「列国一同」と云ひし事あり。杜注に「方百里」云々とあり。此れに由りて見れば、周礼の云ふ所は、他の古書と合はざるなり。蓋し周礼は其の之れ周公になりしと雖も、時を追うて改正増補されしものも多かるべく、又た周公の定められたる規則のうち、所謂理想上のものにて、実際に応用されざりしもの又た多からんと思はる。「関市譏而不征」云々は、周礼と異なれりと云へど、此れは抗撃にはならず。何如《いかん》となれば、孟子に云ふ所は、文王が岐を治めしときの事にて、周礼は成王のとき出来たるものなり。又た文王のときはすべて寛大にして、税も軽かりしならんも、周成王時代には、行政機関も整ひ、課税の必要及び之れが法律も必要となりし事は、疑を容れざるなり。又た劉歆王安石の云ふ所は論ずるを待たず。時に周礼官制などをみるに、余り瑣末に流れたる職なきにあらず。他より兼管するを得べしと思はるものにも必ず一官あり。

欽定周官義疏　四十八巻

周官集注《しっちゅう》　十二巻

周官析疑　三十六巻　方苞

周礼疑義挙要　七巻　江永
礼説　十四巻　恵士奇
周官禄田考　三巻　沈彤《しんとう》撰
周官新義　十六巻　宋王安石

儀礼

儀礼は礼記の所謂曲礼三千に相当す。前に述べたる周礼は、周公が太平を致せし政治の大綱を見るべく、儀礼に於て、揖譲進退・動容周旋が、人々に日用の行為の規範となりしを、其の細目を知るべきなり、抑〻周の盛時、人を教育せしは礼楽による。而して礼は其の尤も大切にせしものなり。古聖賢の意以為《おもえ》らく、人の禽獣に異なるものは、其の礼あるを以てなり。抑〻当時は未だ諸子百家の説起らず、従うて学術的に人性の善悪論などに、疑問を及ぼすといふことなし。唯人性は美なるものときめしなり。唯人は聖人の制したる礼と云へる模型に入りさへすれば宜しと云ふ事なり。後世宋儒に至り、理気心性の事を矢釜《やかまし》敷くいひ、其の説く所実に精微を極めて、己れを修むるに内面的省察による、或は静坐して喜怒哀楽未発の中を見るとか、敬の一字を数年工夫したと云ふ様に、丸《ま》るで禅家の悟道の如き風になれり。此れ宋学の弊なり。明鏡止水、沖漠無朕、太極などの説も、すべて仏老的の言葉なり。然るに周の初めは、儒教は大に之れに反し、人々が己れを修むるも、表面よりなしたるものなり。即ち一挙動すべて礼に違はざらん事を期したるなり。すべて儀式的、実際的なりしなり。其の何如に礼を重じたるかは、左伝・詩経・礼記などの古書を見ば、歴々として見るを得べく、また当時の所謂理想的君子が、何如なるものなりしを知るべし。

然れども此の礼たる、周の盛時には実際に行はれたりしも、春秋の頃には其の部分は段々と壊《こ》はれたりと見え、学徳ある人にて、礼を弁《わきま》へざりし事、礼記などに見えたるにて知るべし。又た一方には所謂虚飾に傾きたるものならん、老荘学派などは、此の反動にて起りしものなるべし。

戦国に至りて、武力を事とし、戦伐を務めとなしたるより、先王の礼滅び、秦書を燔《や》くに及び、全く其の跡を断ちたりしが、漢起り高堂生と云へるもの、古礼十七篇を伝へ、其の門流相踵《つ》ぎて礼の学問をなしたり。

高堂生—徐生—蕭奮《しょうふん》—孟卿—后倉《こうそう》

- 聞人通漢
- 戴徳（延君）
- 戴聖（次君）
- 慶普（孝公）

又た高堂生所伝今文十七篇の外に、魯恭王が孔子の宅を壊《こぼ》ちて得たる儀礼五十六篇あり。其の字、皆篆書《てんしょ》なれば、之れを古文礼と云ふ、然れども、今文共通せる十七篇のみ諸儒に由りて研究され、余の三十九篇は逸礼として師説なかりければ、遂には亡びたり。今世に伝はるものは、鄭玄注する所のものなるが、玄は二本を参用し、今文に従うて古文に従はざる所もあり、又た反対の所もあり。

順序。さて其の十七篇は初めに士冠礼あり。これは男子年二十歳のとき初めて冠をなし、それより始めて一人並となるなり。そこで此れまでは児童にて責任も軽かりしが、丈夫となりたる以上は、万事に気を付けねばならぬと云ふ事を知らしむるものにて、中々の儀式なり。次には士昏礼なり。男子三十にして婚す。冠礼に次ぐ所以なり。これも納采より親迎に至るまで、綿密に規定してあり。其の次は士相見礼なり。士人が互ひに初めて面会するときの礼式を述べたるものなり。其の他郷飲酒・郷射・燕礼などあり。此れは皆嘉礼なり。又た喪服あり。子夏の伝あり。斬衰《ざんさい》、斉衰《しさい》、大功、小功、緦麻《しま》などとて、已れが死者に対する関係により、喪の服装、及び喪に服する期日に長短あり。例せば斬衰三年は子、父の為め、諸侯、天子の為め、父、長子の為め、人の後たるもの、妻、夫の為め、其の他にもあり。又た同じ親でも、父在りて母死したるとき、出妻の子、母のためなど、其の厚薄皆情と義を酌量して、一定の法則を立てるものなり。大に古聖賢の倫理思想を見る事を得べし。

儀礼至難読、鄭注文句古奥、亦不易解、亦全為名物度数之学、不可以空言騁弁

儀礼　漢鄭玄注唐賈公彦疏

儀礼集説　十七巻　元敖継公《ごうけいこう》撰

欽定儀礼義疏

　乾隆十三年御定三礼義疏之第二部也、冠以綱領一巻釈宮一巻、殿以礼器図四巻礼節図四巻

儀礼析疑　十七巻　方苞《ほうほう》注

読礼通考　一百三十巻　徐乾学、喪服を説明せるもの

五礼通考　秦蕙田《しんけいでん》

礼記

漢初河間献王又得仲尼弟子及後学者所記一百三十一篇献之、時亦無伝之者、至劉向考校経籍、検得一百三十篇、向因第而叙之、而又得明堂陰陽記三十三篇、孔子三朝記七篇、王史氏記二十一篇、楽記二十三篇、凡五種合二百十四篇、戴徳刪其繁重、合而記之、為八十五篇、謂之大戴記、而戴聖又刪大戴之書為四十六篇、謂之小戴記、漢末、馬融遂伝小戴之学、融又足月令一篇、明堂位一篇、楽記一篇合四十九篇云々（隋書経籍志）

戴聖原書四十九篇なりしといふ説あり。此れを正しとす（後世の編纂になりしも）。「蓋《がっ》礼記非醇経其間多六国秦漢人之所記」記中中庸は孔子の孫、子《し》思《し》伋《きゅう》の作、緇《し》衣は公孫尼子、月令《りょう》は呂不《りょふ》韋《い》、又た王制は漢文帝の時の博士の録する所たり。又た或は礼運は子游の作、楽記は子貢の作になると云ふ。其の他には記者の名を知る能はざるもの至て甚し。礼記は要するに古代の学者儀礼を釈したるを、戴氏が集めたるものにて、儀礼に士冠礼あれば之れに対する冠義あり、士昏礼あればこれに対する昏義あり。又た郷飲酒あれば之れに対する郷飲酒義あるが如き、明らかに儀礼の注釈と見て可ならむ。かゝる具合にて、他の二礼とは一等下りたる様に思はるれど、流石は古書の事なれば、聖門の緒余を伝へたると思はるゝ節あり。礼記中にありて興味あるものは曲礼《きょくらい》なり。此の内には道徳上の格言多し。「毋不敬、儼若思、安定辞、安民哉、敖不可長、欲不可従、志不可満、楽不可極」とか又た「鸚鵡能言不離飛鳥、猩猩能言不離禽獣、今人而無礼雖能言不亦禽獣之心乎」其の次は檀弓《だんぐう》とす。孔子夢奠《ぼうてん》、曾子易簀《えきさく》、子夏と曾子の問答など文辞の妙を極めたるものなり。又た文章簡潔にして含蓄深し。僅に数十字にて其の人の面目をあらはすに妙なり。例えば苛政猛于虎章

礼記正義　六十三巻　漢鄭玄注唐孔穎達《くようだつ》疏
　皇侃《おうがん》を以て本とし、熊安生を以て、其の足らざる所を補ふ
礼記集説　百六十巻　宋衛湜《えいしょく》撰
　欽定礼記義疏取於湜書者特多
礼記集説　元陳澔《ちんこう》撰
　明初始定礼記用澔注
礼記陳氏集説補正　納蘭《ならん》性徳撰
礼記大全　明胡広等撰　以陳澔集説為宗
欽定礼記義疏
礼記析疑　方苞注

春秋

春秋は孔子が魯史記により、隠公より哀公十四年即ち西狩獲麟《せいしゆかくりん》の歳に至るまで、——十二公二百四十二年間の出来事を記載し玉《たま》ひしものなり。抑ゞ孔子は詩書を刪り礼楽を正し、易に繋ぎ玉ひしが、其れ述べるにて作りたるにあらず、惟《ただ》春秋は以て孔子の作と云ふべきか。然れども春秋は孔子に創《はじ》まるにあらず。孔子以前に、魯及び其の他の国々に、春秋と称する編年体の記録ありしと思はるゝは、先づ左伝昭公二年に晋韓宣子が魯に聘《へい》し、書を太史氏に観、易象と魯春秋とを見て、「周礼尽在魯矣、吾乃今知周公之徳与周之所以王也」と云ひし事を載す。此れ夫子が春秋を作らざりし前の事なり。又た国語晋語に、司馬侯と云へるものが、「羊舌肸習於春秋」と云ひし事あり。又た楚語にも申叔時が「教之春秋」と云ひし事見ゆ。此れ亦孔子以前の事なり。又た墨子にも「百国春秋、周春秋、燕春秋、斉春秋」等の語あれば、当時此の称ありしならん。但孟子には、「晋之乗、楚之檮杌、魯之春秋一也」云々とあり。此れによれば、国々に称呼を異にしたる様に思はるれど、此れは孟子時分に、かく唱へしものなるべし。

孔子は魯の旧史記より隠公以下を撰び、手から此れに筆削を試みられしが、史記には「筆則筆、削則削、子夏之徒不能賛一辞」とあれば、其の筆削には十分に心を用ゐられしものなるべし。故に孟子にも、「知我者其惟春秋乎、罪我者其惟春秋乎」と云ひ玉ひ、何休公羊《くよう》序によれば、「吾志在春秋、行在孝経」と云ひ玉へり。以て孔子一生の心血を注ぎ玉ひしものなるべし。偖《さて》孔子何故に春秋を作られしや、其の目的は何辺にありしやと云ふに、孟子尤も説得すること明白なり。離婁《りろう》下に「孟子曰、王者之迹熄而詩亡、詩亡然後春秋作」云々「其事則斉桓晋文、其文則史、孔子曰、其義則丘窃取之矣」とあるなり。其の意、周東遷以前は周公の礼楽制度猶国中に行はれ、(天子)巡狩(諸侯)述職もあり。又た采風《さいふう》の官ありて、民間の歌謡を見、以て風を観俗を察し、上下民の情を疏通しけるに、怨懟《えんつい》あるもの亡《な》し。東遷以後はかゝる典礼も亡びたれば、詩亡び、これと同時に周の政教行はれず、君臣上下の秩序乱れて、臣其の君を弑《しい》すものあり。子其の父を殺すものあり。孔子懼《おそ》れて春秋を作り、以て善を褒《ほう》し悪を貶《へん》して、万世の為めに綱常を建て玉ふ。所謂「孔子成春秋而乱臣賊子懼」とはこれなり。唯全体は魯の旧史によられたるものにて、大義名分の関する所、一字一字を修正して、以て其の微意を寓せられたれば、「其義丘窃取之矣」といはれたるなり。即ち孔子の春秋は、古人も謹厳と評したるが如く、一字一言、理由のなき事なし。例せば、人名を書するにも、或は名を書し、或は字を書し、或は人と書し、或は爵を書し、或は人を書し、或は氏を書す、皆一に意味ある事にて、字を書し、爵を書し、氏を書するは、其の人を褒めたるもの、名を書し人を書し、人を書し氏を書せざるは、之れを貶したるなりと云ふ、併《しか》し孔子自らかゝる凡例を下せしにはあらず、後世三伝起りて、夫子の意を揣摩《すいま》して、これは何如なる訳にてかくかゝれたるかと解説す。又た三伝互ひに異なれり、又た孔子が魯の旧史につき、何《ど》れ丈《だけ》を筆削されしか、今日にありて魯の旧史存せぬ事故、此れは旧史、これは孔子の筆削されしものと判別する事能はず。唯一二孔子の手削になる事を、三伝にて明言したる所あり。例せば、公羊荘七年に「不脩春秋曰、雨星不及地尺而復、君子脩之曰、星霣如雨」とあり。又た左伝、晋文公已に覇業をなし諸侯を温に会し、王を召す。就て朝を受けしめんとしたるなり。「仲尼曰、以臣召君不可以訓」とて、経文に「天王狩于河陽」とかきしが如きこれなり。其の他は大概分らず、若《も》し強いて其の意を求めば、牽強傅会になる事あり。要するに、経文簡単なるを以て、それ丈では事理分明ならず。此に於て三伝あり。

左氏伝

左氏は魯太史左邱明《さきゆうめい》にて、孔子より親《したし》く春秋を受けたるものなりと云ふ。これ古来よりの伝説なり。漢の劉歆、尤も左氏を尊信し、「左邱明好悪与聖人同、親見夫子而公羊穀梁在七十子後、伝聞之与親見之、其詳略不同」云々とあり。好悪与聖人同、とは論語公冶長篇に「巧言令色足恭、左邱明恥之、丘亦恥之、匿怨而友其人、左邱明恥之、丘亦恥之」とあるを指すなり。即ちかく孔子より褒められたる人物なれば、其の言ふ所も夫子の意を伝へたるものなるべしと云ふ。三伝のとき方大に異なれり。然るに、唐趙匡《ちょうきょう》と云へる人、初めて左氏と論語に見えたる左邱明とは別人なりとし、以て左氏伝の信ずるに足らざるを論ぜり。宋元諸儒相踵《つい》で並起り、左氏を疑ひ王安石鄭樵等の如きは、以て六国間の人となせり。其のこゝに至りしは蓋し故ある事にて、左氏春秋経文は、獲麟後の事、即ち哀十六年に孔子卒せし事までを記載す。此れ疑もなく孔子の手になりしものにあらず。そは門人が孔子を尊ぶの余り、孔子の作りしものに後より補入せしものなるべし。それは兎も角、伝文には知伯韓魏と共に趙襄子《ちょうじょうし》を攻めたる事を記す。襄子と諡《おくりな》をかゝれたる事なれば、孔子没後、余程年経たる事なるべし。左邱明、孔子と時を合す何ぞかゝる後まで生存して、伝を著はすを得んや。又た左氏に「虞不臘矣」と云へる文句あり。史記を案ずるに、秦の臘あるは恵文王十二年に昉《はじ》まる。即ち左氏なるものが六国人たる明証云々と。四庫全書提要などには、臘は元周礼にして、秦に至りて始めて挙行せしものにあらずとなせど、要するに、左氏の終りは後人の筆になりし処の多かるべし。唯全体左氏の筆にあらずとなすは何如あらん。史記にも後人の筆を入れたる所多し。若し此れを以て、史記を司馬遷の作にあらずとなすは過にあらずや。左伝も亦此に異ならざるなり。蓋し左氏のときは春秋の経文の外、史類の書籍も至つて多かりしかば、師説に準拠し、又たこれ等の書類によりて、筆を下したるものなれば、経文計《ばか》りにては何の事たるや分らぬ事も、左氏によるときは事の源委始終を知るを得る。後世より何如に臆説を逞《たくまし》くしても、遂に左氏の依るべきに如かざるなり。唯何如《いかん》と思ふ点は、中に怪異をとき、小説に近き所あり。卜筮《ぼくぜい》の余り的中する事、予言の余り中《あた》りすぎる所は、こゝ等は意を用いて虚搆《きよこう》せしものにはあらざるか。また左伝に春秋の書法を説明する所、牽強附会と思はるゝ所あり。左伝によれば、人が殺さるるに名を書《しよ》せざるは、其の罪にあらざる場合にて、之れに反して名をかくときは、死者が罪ありとなす。然るに宣九年「陳殺其大夫洩冶」と云ふ所あり。これ通ぜざるなり。杜注には「洩冶直諫於淫乱之朝以取死、故不為春秋所貴」云々とあり。此れ左氏にかゝる例あるを以てなり。又た宣四年に「鄭公子帰生弑其君夷」云々とあるに、伝には「凡弑君称君、君無道也、称臣、臣之罪也」とあり。何如に君無道なればとて、之れを弑する臣の罪にあらずとせんや。此れ大に名教に害あり。其の教後世の非難さるゝ所も多く、ある人は左氏は事実は正しけれど、理に短なりと云へり。

左氏は漢初めに張蒼の家に出て、文帝のとき賈誼《かぎ》、訓詁を為《つく》りて、趙人貫公に授け、其の他之れを修むる学者なきに非ざりしなるべけれど、他の二伝に比すれば、其の勢力極めて微なりき。蓋し西漢の世は、学官に立ちたるは二伝のみ。漢末、劉歆大に此の書を尊重し、学に立てんとせしも、諸儒応ずるものなく、其の事止みぬ。建武中にも、朝に請うて立てんとしたる事ありけるが、此のときなども、二伝の学者は大に之れに反対せしかば、左氏博士を立てしも、又た罷《や》められたり。後に賈逵、服虔の二儒起り、左氏に注釈を施こし、鄭玄亦左伝を好めり。世説によれば、「鄭君注左伝以与服虔」とあり。同時に公羊の学者何休と議論せしことあり。唐劉知幾の史通申左篇。

何休　公羊墨守　左氏膏肓《こうこう》　穀梁癈疾《はいしつ》

鄭玄　発墨守　箴膏肓　起癈疾

それより左氏漸く世に行はれ、魏より経て晋に至り、杜預《どよ》最も左氏を好み、世人称して左伝癖ありと云へり。この人左氏の集解を著はす。今日伝はるもの即ちこれなり。これより左氏行はれ、左伝に賈服、杜預注あり。何れも行はれたりしが、賈服は北方中原の地に行はれ、杜預は江南に盛なりき。唐孔穎達勅を奉じ五経正義を撰するに及び、賈服を捨て杜預をとり、此に疏を作りしが（十三経注疏）、賈服はかくて亡びにけり。杜預の注（短葬の解などは）、後世其の誤を指摘すと雖も、要するに之れに依らざるべからず。

春秋左氏正義　六十巻　晋杜預撰、唐孔穎達疏
左伝附註　明陸粲撰
左伝詁　洪亮吉
左伝杜解補正　清顧炎武
左伝輯釈　安井息軒
春秋大事表　顧棟高
左伝雕題《ちょうだい》略　中井積徳
左伝補注　恵棟

公羊伝

公羊高《くようこう》、春秋を子夏に受け、其の子平に伝ふ。平其の子地に伝ふ。地其の子敢、其の子寿に伝ふ。寿は漢景帝時代の人なり。寿乃《すなわ》ち斉人胡母子都と共に竹帛《ちくはく》に著はす。

春秋公羊伝注疏　漢公羊寿伝　漢何休解詁　唐徐彦疏
春秋公羊通義　清孔広森

穀梁伝

楊士勛《ようしくん》の疏によれば、「穀梁子、名俶、字元始、一名赤、受経於子夏、為経作伝」云々。又た学者の為に伝をつくりしものにて、鄭玄以て公羊の先にありとなせど何如あらん。経典釈文序。

晋范寧集解、唐楊士勛疏

漢文釈例

漢文釈例

漢文には種種の分類法あり。或は其形式によりて散文韻文に分つを得。又た其の内容即ち文中に列ねたる事柄によりて分類を為す事を得。昔清の姚鼐《ようだい》が古文辞類纂を編するや、論弁類、序跋類、奏議類、書説類、贈序類、詔令類、伝状類、碑志類、雑記類、箴銘《しんめい》類、頌賛《しょうさん》類、辞賦類、哀祭類の十三類を挙げ、曾国藩は贈序を序跋類に入れ、箴銘頌賛を一《ひとつ》となし、其の外に叙記・典志の二類を入れて、同じく十三類とせり、是れは古文中の分類なれども、駢体《べんたい》文も同じく此の区別に従ふ事を得べし。予が本講習に於て講述せむとするは、かゝる内容上の分類にあらず、形式上の分類にして、即ち前に挙げたる散文・韻文の内、散文のみにつき、例を挙げて其の中の区別を示すべし。但《ただ》此に申す散文は、韻文に対する言葉なるが、一体、散文の内にても亦種種区別あり。又た其の中には従来文学として左程の価値なきものとせられ、又た其の内容の上より見ても、文学と見る能はざるものあり。然れども諸子は漢文教師として、教育に従事する以上、一通り総《す》べての文体を心得居るべきものなれば、この内に加へたり。

散文を分ちて古文[1]、四六文[2]駢体文、公牘体文[3]、小説体文[4]、口語体文[5]となすを得。この内にありて、従来は古文と四六文が支那文学に於いて、最重要の地位を占めたるものにて各《おのおの》〻其の特色あり。我国の漢文学史に於いて、奈良朝王朝時代の縉紳《しんしん》の作りしものは皆四六文にて、徳川時代に於いて邦儒の作りたるは古文なり。現今諸子が学校にて使用する教科書に収むるものは、殆んど総べて古文なり。支那にても、古文四六文は各〻起源を殊にす。古文は秦漢以前の文は皆古文なり。東漢以来文の形式が整へられ、対句を用ゆる事行はれ、魏晋六朝に至り、其の風弥《いよいよ》〻盛んとなり、唐に至りて其の絶頂に達し、之れにあらずんば以て文と言ふべからず。是を以て韓愈起《おこ》つて秦漢以前の文によりて古文を作れり。当時流行の四六文に殊なるを以て之れを古文と称したり。之れ四六文と区別する為めに、古文の名を立てたるものにて、其の以前に古文の名あるにあらず。然れども、唐一代古文を作りしは、韓愈・柳宗元等極めて少数の文士にして、一般は駢文流行せしが、宋に至り欧陽修・蘇軾等出るに至り非常に盛んになり、それから古文・駢体文と共に、併行して今日に至れり。支那は我れと国情を殊にして科挙の制あり。駢体の素養なくば合格するを得ず。又た或種類の文、例せば朝廷に慶事ありて、百官賀表を上《たてまつ》るといふ如き場合、社会上の交際に於いて、冠婚喪祭に於いて互ひに応答するといふ場合にても、矢張《やはり》四六体の文を用ゆる故、古文と共に同様に行はれて来たのである。

予輩は、以下古文四六文の特色と、両者の差違とを説かむとす。然れども、此れ多言を要せず。先づ第一に収めたる韓愈の文と、第三に収めたる王勃《おうぼつ》の文とを見れば、思半《おもいなかば》に過ぐるものあらむ。

予は茲《ここ》に古文と駢体文との例として、極めて特色あり、又た差異尤も甚しきものを挙げたり。其の実駢体文の要素を含むものあり。例せば秦漢文の内にても、秦李斯、漢終軍・枚乗《ばいじょう》などの文には、後世の駢体文に似たる所あり。是れ亦た諸子の知らざるべからざる所なり。

㈠　古文の句法と駢体文の句法と同じからず。駢体文は四六文の別名ある如く、一句の字数、四字一句、六字一句といふやうに、それ〴〵限りあり。時としては三字・五字・七字などあれども、文字の数が整うて居るが、古文となれば、一句の字数が長短同じからず。或場合には故《ことさ》らに長短句を用ゆ。それは今此こに掲げたる、韓愈上宰相書にて知る事を得るなり。

㈡　駢体は双行にして、対句を用い、古文は単行にして対句を用いざるなり。例せば、王勃の文を見よ。起句の「予章故郡」と「洪都新府」とが対句をなして一組となり、又た「星分翼軫」と「地接衡廬」とが対句をなして、一組となるが如し。而して多くの場合に於いて、一組を以て同一の事をいふ、即ち漢の時の予章郡、当今の洪府といへば、唯違うたる言葉を以て同一の土地をいふなり。「星分翼軫」云々も同じく天の星宿、地の山岳を以て洪州の位置をきめたるものにして、結局は同一なり。かくの如く、二句一組となるものを双行といふ。単行は之れに反し、一句独立して他の一句と組合はす。又た上の一句にて或る事をいへば、次の一句には又た他の事をいふ。決して同一の意味を言《いい》あらはす事なし。此に挙げたる韓文を見て、之れを知るべし。

第三は文字の声響といふ事にて、四六文には殊に読んだときの調子が大切にされて、平仄《ひょうそく》の置き所が極まつてゐる。例せば、初の二句は一寸規則はずれであるが其の次の「星《平》分《平》翼《仄》軫《仄》。地《仄》接《仄》衡《平》盧《平》」について言へば、一句の平と他句の仄と互ひに交錯して居る。尤もかくの如く平仄がきちんと交錯しなくてはならぬといふ訳にあらず。或一組は平と平、仄と仄となつて居るが一句内の「つぼ」丈《だけ》は多く平仄互ひに交錯せり。つぼといふのは、例せば四字句ならば、第二と第四、六字ならば第二と第六なり。古文にも声音をいはざるにあらず、唯一定の規則なきのみ。故に四六の声音は機械的平仄をちやんぽんに入れる事却つて易し。「都督《仄》閻公之雅望《平》。棨戟《仄》遥臨《平》。宇文《平》新州之懿範《仄》。襜惟《平》暫駐《仄》」の如し。

第四は駢体文は此《か》くの如く対句を作るが、其の対句には必ず典故を用ゆ。典故にあらざるも又た古書の成句を用ゆ。「物華天宝」の一聯を見ても分る如く、故書に見えた文句や、或は其の事柄を中に入れる、ちやうど寄木ざいくの如きものなり。四六文の解釈に困難なるは、当時其の文を作りしときは、誰れも使慣《つかいな》れた典故にて、読者は直にそれでなるほどと分る事も、後世には分らぬ事あり。又た作者が己の物識を夸《ほこ》る為めに、故らに人の余り知らぬ故事（此れを僻典《へきてん》といふ）を用ゆ。さうすると猶更之れを解する事困難なり。

第五。古文は唯己れの言はんと欲する事を述べ、形式に拘《こう》さるゝ事駢体文の如く甚しからず。駢体文は之れに反し、形式が矢《や》釜敷《かましき》故、一般の人では自由に己の言はんとする事を述ぶる能はず。概して之れを言へば、古文の方には内容多けれども、駢体には内容少なし。又た文の方からいつても、力強き感を与ふるものは古文に多く、四六体は弱く骨気に乏し。尤も此れも一概の論にて、陸贄《りくし》の奏疏の如きは、四六文ながら内容もあり、又た文気も甚《はなはだ》強し。一読して其の人物風采を思はしむるものあり。併し之れは例外として、一般にいへば、古文は質にして四六は華、而して強弱亦之れに伴なふ。

漢文釈例　古文　李肇国史補云、進士登第謂之前進士、公貞元八年登第其後以博学宏辞三試於吏部无成、故十一年上宰相書求仕、宰相趙璟賈耽盧邁皆庸人、故不能用公

後二十九日復上書　唐韓愈

三月十六日。前郷貢進士韓愈謹再拝言相公閤下。愈聞周公之為輔相也。其急於見賢也。方一食三吐其哺。方一沐三捉其髪。当此時天下之賢才皆已挙用。姦邪讒佞欺負之徒皆已除去。四海皆已無虞。九夷八蛮之在荒服之外者皆已賓貢。天災時変昆虫草木之妖皆已銷息。天下之所謂礼楽刑政教化之具皆已修理。風俗皆已敦厚。動植之物風雨霜露之所霑被者皆已得宜。休徴嘉瑞麟鳳亀龍之属皆已備至。而周公以聖人之才。憑叔父之親。其所輔理承化之功。又尽章章如是。其所求進見之士。豈復有賢於周公者哉。不惟不賢於周公而已。豈復有賢於時百執事者哉。豈復有所計議能補於周公之化者哉。然而周公求之如此其急。惟恐耳目有所不聞見。思慮有所未及。以負成王託周公之意。不得於天下之心。如周公之心。設使其時輔理承化之功。未尽章章如此。而非聖人之才。而無叔父之親。則将不暇食与沐矣。豈特吐哺捉髪為勤而止哉。維其如此。故于今頌成王之徳而称周公之功不衰。今閤下為輔相亦近耳。天下之賢才豈尽挙用。姦邪讒佞欺負之徒豈尽除去。四海豈尽無虞。九夷八蛮之在荒服之外者豈尽賓貢。

天災時変昆虫草木之妖豈尽銷息。天下之所謂礼楽刑政教化之具豈尽修理。風俗豈尽敦厚。動植之物風雨霜露之所霑被者。豈尽得宜。休徴嘉瑞麟鳳亀龍之属豈尽備至。其所レ求二進見一之士。雖《一属》不足以希望盛徳。如《もし》比於百執事。豈尽出其下哉。其所《二属》称説豈尽与所補哉。今雖《縦》不能如周公吐哺捉髪。亦宜引而進之。察《考》其所以而去就之。不宜黙黙而已也。」愈之待命四十余日矣。書再上而志不得通。足三及門而閽人辞焉。惟其昏愚不知逃遁。故復有周公之説焉。」古之士《孟子滕文公》三月不仕則相弔。故出疆必載質《シ》。然所以重於自進者。以其於周不可則去之魯。於魯不可則去之斉。於斉不可則去之宋。之鄭。之秦。之楚也。今天下一君。四海一国。舍於此則夷狄矣。去父母之邦矣。故士之行道者。不得於朝則山林而已矣。山林者士之所独善自養。而不憂天下者之所能安也。如有憂天下之心則不能矣。故愈毎自進而不知愧焉。書亟上。足数及門而不知止焉。寧独如此而已。惴惴焉惟不得出大賢之門下是懼。亦惟少垂察焉。瀆冒威尊。惶恐無已。

愈再拝。

集古録序　宋欧陽修

物常聚於所好。而常得於有力之彊。有力而不好。好之而無力。雖近且易有《マタ》不能致之。以下承得于有力之彊 象犀虎豹。蛮夷山海殺人之獣。然其歯角皮革。可聚而有也。玉出崑崙流沙万里之外。経十余訳乃至乎中国。珠出南海。常生深淵。採者腰絙而入水。形色非人。往往不出。則下飽蛟魚。金礦于山。鑿深而穴遠。篝火餱粮而後進。其崖崩窟塞。則遂葬于其中者。率常数十百人。其遠且難。而又多死禍。常如此。然而金玉珠璣。世常兼聚而有也。凡物好之而有力。則無不至也。」湯盤孔鼎。岐陽之鼓。岱山鄒嶧会稽之刻石。与夫漢魏已来聖君賢士桓碑彝器《鐘鼎》。銘詩序記。下至古文籀篆分隷諸家之字書。皆三代以来至宝。怪奇偉麗。工妙可喜之物。其去人不遠。其取之無禍。然而風霜兵火湮没磨滅。散棄於山崖墟莽之間。未嘗収拾者。由世之好者少也。幸而有好之者。又其力或不足。故僅得其一二而不能使其聚也。」夫力莫如好。好莫如一。予性顓而嗜古。凡世人之所貪者。皆無欲於其間。故得一其所好於斯。好之已篤。則力雖未足。猶能致之。故上自周穆王以来。更秦漢隋唐五代。外至四海九州。名山大沢。窮崖絶谷。荒林破塚。神僊鬼物詭怪所伝。莫不皆有。以為集古録。以謂転写失真。故因其石本。軸而蔵之。有巻帙次第。而無時世之先後。蓋其取多而未已。故随其所得而録之。又以謂聚多而終必散。乃撮其大要。別為録目。因并載夫可与史伝正其闕謬者。以伝後学。庶益於多聞。」或譏余曰。物多則其勢難聚。

何云、上既有聚多必散之語此転以贅

聚久而無不散。何必区区於是哉。予対曰。足吾所好。玩而老焉可也。象犀金玉之聚。其能果不散乎。予固未能以此而易彼也。」

又云、足我所好以下同抱前半亦不見準力

四六文

秋日登洪府滕王閣宴集序　　唐王勃

予章ノ故郡（漢時）。洪都ノ新府（唐時洪州都督府ヲ置ク）。星ハ分チ二翼軫ヲ一（南ノ七星ニ翼軫アリ）。地ハ接ス二衡廬ニ一。襟トシテ二三江ヲ一而帯ビ二五湖ヲ一（五湖ハ震沢トモ又太湖鄱陽湖青草湖丹陽湖洞庭湖トモイフ）。控ヘテ二蛮荊ヲ一（楚ハ元荊蛮ノ国ナリ）而引ケル二甌越ヲ一。物華天宝。龍光射リ二牛斗之墟ヲ一。人傑ニ地霊シテ。徐孺下セリ二陳蕃之榻ヲ一。雄州ホム（洪州ヲ）霧列（ノ如リ）。俊采星ト馳ス。台隍枕シ二夷夏之交《アハイ》一。賓主尽クス二東南之美ヲ一。都督閻公ガ之雅望。棨戟遥臨メリ。宇文新州之懿範。襜帷暫駐マル。十旬ノ休暇。勝友如レ雲。千里逢迎。高朋満レ座。騰レ蛟起レ鳳。孟学士之詞宗。紫電青霜。王将軍之武庫。家君作リレ宰ト。路出ヅ二名区一。童子何ヲカ知ラム。躬逢勝餞」（以上叙洪州地形。与賓客参会之盛）。時維九月。序属三秋。潦《ラウ》水尽而寒潭清《スミ》。煙光凝而暮山紫。儼二驂騑《サンヒ》於上路一。（倒語法）訪二風景於崇阿一（岡邱）。臨二帝子（滕王ノ事）之長洲ニ一。得二仙人之旧館一。層巒（水台トナ）聳リタルレ翠。上出二重霄一（大空）。飛閣流レ丹。下臨二無地一。鶴ノ汀《ナギサ》鳧渚《ミギハ》。窮二島嶼之縈《エイ》回一。桂殿蘭宮。

秋景列二岡巒之体勢一。披二繍闥《マド》一。俯二雕《ムナギ》甍《イラカ》一。山原曠《トシテ》其盈視。川沢紆其駭矚。閭里門閻撲《ツクス》レ地《ヲ》。
鐘鳴鼎食之家。舸大船艦兵船弥津。青雀黄龍之軸《ともアリ》。雲消《ヘ》雨霽《レ》。彩徹《シ》区明《ナリ》。落霞与二孤鶩一斉《シク》飛。
秋水共二長天一一色。漁舟唱レ晩。響窮二彭蠡之浜一。雁陣驚レ寒《ニ》。声断二衡陽之浦一。遥吟甫暢。逸
興遄飛。爽籟発《シテ》而清風生。繊歌凝《リテ》而白雲遏。睢園《ノ》緑竹梁孝王ノ古事。気凌彭沢之罇九月九日江州太守王ヨ。リ酒ヲ送ラルタトへ
鄴水《ノ》朱華曹植公讌詩朱華冒緑。池李善注朱華芙菜也　光照二臨川之筆一臨川謝霊。運ノ事　四美具良辰良景。賞心楽事　二難幷賢主。嘉賓　窮二睇眄《メン》於中
天一。極二娯游於暇日一。天高地迥。覚宇宙之無窮。興尽悲来。識盈虚之有数。望二長安《ヲ》於日下一。
指二呉会於雲間一。地勢極《マリテ》而南溟深。天柱高而北辰遠。関山難越。誰悲失路之人。萍水相逢。
尽是他郷之客。」懐帝閽而不見。奉宣室以何年。嗟乎時運不斉。命途多舛史記馮唐伝武帝立求賢良挙馮唐唐時九十余不能復為官
乃以唐子。馮遂為郎　馮唐易老。李広難封。屈賈誼於長沙。非無聖主。竄梁鴻於海曲。豈乏明時。所頼君
子見幾。達人知命。老当益壮。寧移白首之心。窮且益堅。不墜青雲之志。酌貪泉而覚爽。処
涸轍以猶歓。北海雖賖。扶望可接。東隅已逝。桑楡非晩後漢書馮異伝可謂失之。東隅収之桑楡桑楡謂晩　孟嘗高潔。空余報
国之情後漢書孟嘗字伯周桓帝時同郡楊喬。上書薦嘗嘗竟不見年七十卒於家　阮籍猖狂。豈効窮途之哭阮籍時率意独駕不由径。路車跡所窮輒慟哭而返」勃三尺微命。一介
書生。無路請纓。等終軍之弱冠。有懐投筆。愛宗愨之長風宋書宋愨幼時叔父問其。志曰願乗長風破黒浪　捨簪笏於百齢生一。
奉晨昏於万里。非謝家之宝樹謝子玄。ノ故事　接孟氏之芳鄰。他日趨庭。叩陪鯉対。今茲捧袂。喜托
龍門李。鷹　楊意不逢。撫凌雲而自惜。鍾期既遇。奏流水以何慚。嗚呼勝地不常。盛筵難再。蘭
亭已矣。梓沢丘墟石崇。故事　臨別贈言説苑雑言篇子路将行辞於仲。尼仲尼曰贈汝以車乎以言乎　幸承恩於偉餞。登高作賦韓詩外伝孔子曰。君子登高必賦詩

是所望於羣公。敢竭鄙懐。恭疏短引。七言均賦。四韻俱成。請灑潘（岳）江（詩品余嘗言陸才。如海潘才如江）各傾陸機海云爾。

滕王高閣臨二江渚一　佩玉鳴鸞罷二歌舞一　画棟朝飛南浦雲　珠簾暮捲西山雨　閒雲潭影日悠悠　物換星移度幾秋　閣中帝子今何在　檻外長江空自流

出関与畢侍郎牋（畢侍郎名沅字湘衡号秋帆鎮津人乾隆庚辰状元官至湖広総督）

清洪亮吉

自レ度二風陵一。易車而騎。朝発二蒲坂一。夕宿二塩池一。陰雲蔽虧。時雨淩厲。自レ河以東。与関内稍異。土逼若衖（衖里中。道也）。塗危入棧（棧険之処鑿巌。於版梁為閣也）。高原黯惨。欲接塞上之陰。衆音哀怨。恍聆山陽之笛（向秀思旧賦序余逝将西邁経山陽旧廬鄰人有吹笛者発声寥亮追思曩昔遊宴之好感昔而嘆故作賦云）。日在西隅。始展黄君仲則殯於運城西寺（河東塩。運使）。遺棺七尺。枕書満篋。撫其吟案。阿嬭之遺牋尚在（阿嬭母也李長吉伝将死時忽昼見一緋衣人駕赤虬持。一版書下長吉長吉下榻叩頭言阿嬭老且病賀不願去）。披其繐帷。城東之小吏已去（城東有酒楼亮吉。常与景仁等談讌）。蓋相如病肺。経月而難痊。昌谷嘔心（李賀毎出遊小奴背古錦嚢遇所得書投嚢中及暮帰足成之。母使婢採嚢中見所得書多而怒曰是児要嘔出心乃已耳）。臨終而始悔者也。猶復楮墨狼籍。丹鉛若新。聞其絶命前夕。吟哦未已。手不能書。画之以指。此則杜鵑欲化（成都記望帝化為鳥。名曰杜鵑亦曰子規）。猶振哀音。鷙鳥将亡。冀留勁羽。遺棄一世之務。留流身後之名者焉。伏念明公生則為営薄宦。死則為卹哀親。復発徳音。欲梓遺集。一士之身。玉成終始。聞之者動容。受之者淪髓。返洛之旐。銜酸東指。遊岱之魂。感思西顧。又況襲生竟夭。尚有故人漢書龔勝伝死年七十九有老父来弔哭甚哀既而曰嗟乎薫以香。自焼膏以明自銷龔生竟夭天年非吾徒也遂趨而出莫知其誰元伯雖亡。不無死友後漢書范式伝字巨郷与汝南張劭字元伯友善元伯寝疾同郡友晨夜省視之元伯嘆曰恨不見吾死友友曰吾尽心於子是非死友後知者難。元伯曰若二子者吾生友耳山陽范巨郷所謂死友他日伝公風儀。勉其遺孤。風茲来禩。亦盛事也。謹上其詩及楽府共四冊。此君平生。与亮吉雅故。惟持論不同。嘗戯謂亮吉曰。予不幸早死。集経君定。必乖余之指趣矣。省其遺言。為之堕涙。今不敢輒加朱墨。皆封送閣下。請与述庵王蘭泉名永字徳甫号述菴廉使東有厳長明字道甫号東有侍講共删訂。即其所就。已有足伝。方乎古人。無愧作者。惟藁草皆其手写。別無副本。梓後尚望還諸其家。以為手沢耳。亮吉十九日已抵潼関。馬上卒啓。不宣。

公牘文

致伊藤全権大臣等書　光緒二十一年三月初五日

大日本帝国大皇帝全権辦理大臣閣下。停戦《ノ》条款。現《ニ》已《ニ》画押《セリ》。本大臣甚願《フ》下即《チ》将二永遠和局《ノ》事宜《ヲ》一。従レ速《ニ》開議。俾《シ》中停戦期限未満之先。和局已可上レ成レ議。本大臣現因レ受レ傷静養。中外《ノ》名医。均以二軽出一為レ戒。是以一時不レ能三窮往二会議処所一。如承二貴大臣《ノ》体諒一。擬下請即将二和局要款一開二具節略一。送二到《リ》本大臣一。以便中査覈上。設《モシ》如レ此辦法。貴大臣未レ能二遽以為一レ然。本大臣擬戊於二寓内一。布二置会議公所一。俾丁本大臣不レ至二負傷外出受レ風。仍《ヨリテ》可丙与二貴大臣一会乙議一切甲。為レ此本大臣専《ラ》候二示復一。以便二照弁一。於二本日下午一。或於二明日某点鐘一。均随二貴大臣之便一。専《ラニ》此奉布《シ》。並頌二台祺一。

附録馬関講和会議第一次問答節略

光緒二十一年二月二十四日。午後二点半鐘。帯同参議李経芳及参賛官三人。乗輪登岸。赴会議公所。与伊藤陸奥及書記等六人。坐定寒喧畢。

［伊云］中堂此来。一路順風否。［李云］一路風順。惟在成山。停泊一日。承両位在岸上預備公館。謝謝。［伊云］此間地僻。並無与頭等欽差相宜之館舎。甚為抱歉。［李云］豈敢。［伊云］本日応辦第一要事。係互換全権文憑。当由参議恭奉勅書。呈中堂。面遞伊藤。伊藤亦以日皇勅書本。交中堂。伊令書記官閲誦英文。与前電之底稿相較。陸奥令書記官将勅書与前電華文之底稿相較。中堂令東文繙訳与羅道比較日皇勅書。並所附繙訳英文底稿畢。［陸云］日皇勅書是否妥協。［李云］甚妥。我国勅書是否妥協。［伊云］此次勅書甚妥。（下略）

第四次問答節略

［伊云］今日復見中堂重臨。傷已平復。不勝幸甚。［李云］此皆貴国医生佐藤之力。［伊云］佐藤医治中堂其効甚速。可喜。（中略）［伊云］我父母現在東京。我生長此処。［李云］是長門否。離山口県多遠。［伊云］約二十英里。［李云］長門乃人物薈萃之地。［伊云］不比貴国湖

南安徽両省所出人物。［李云］湖南如貴国薩斯馬。最尚武功。長門猶安徽。然不能相比。所遜多矣。［伊云］此次敗在中国。非安徽也。［李云］我若居貴大臣之位。恐不能如貴大臣之辦事。著有成効。［伊云］若使貴大臣易地而処。則政績当更有可観。（中略）［李云］我未能荅応。借債之権在人。不在我。能借到。自能早還。日雖得勝。何必逼人太甚。使人不能担当。［伊云］不能担。是否不允之説。［李云］我誠願修和。但辦不到事。不能不直説。［伊云］照我節略。已是竭力減少矣。［李云］再講譲地一節。歴観泰西各国交兵。未有将已拠之地全行請譲者。以徳国兵威之盛。直至法国巴黎都城。後将侵地譲出。惟留両県之地。今約内所定奉天南部之界。欲将所拠之地全得。豈非已甚。恐為泰西各国所訾笑。（中略）［伊云］我水師兵弁。不論何苦。皆願承受。去歳北地奇冷。人皆以日兵不能喫苦。乃一冬以来。我兵未見喫虧。処処得手。［李云］台地瘴気甚大。前日兵在台。傷亡甚多。所以台民大概吸食鴉片烟。以避瘴気。［伊云］但看我日後拠台。必禁鴉片。［李云］台民吸咽。由来久矣。［伊云］鴉片未出。台湾亦有居民。日本鴉片進口。禁令甚厳。故無吸烟之人。［李云］至為佩服。（下略）

小説体文

荘子休鼓盆成大道　抄録今古奇観

（上略）一日荘生出游山下。見荒塚累累。歎道老少倶無弁。賢愚同所帰。人帰塚中。塚中豈能復為人乎。嗟咨了一回。再行幾歩。忽見一新墳。封土未乾。一年少婦人渾身縞素。坐於此塚之傍。手執素扇。向塚連搧不已。荘生怪而問之。娘子。塚中所葬何人。為何挙扇搧土。必有其故。那婦人並不起身。連搧如故。口中鶯音燕語。説出幾句不通道理的話来。正是聴時笑被千人口。説出加添一段羞。那婦人道。塚中乃妾之拙夫。不幸身亡。埋骨於此。生時与妾相愛。死不能捨。遺言教妾。如要改適他人。直待葬事畢後。墳土乾了。方纔可嫁。妾思新墓之土。如何得就乾。因此挙扇搧之。荘生含笑想道。這婦人好性急。虧他還説生前相愛。若不相愛的。還要怎麼。乃問道。娘子要這新土乾燥極易。因娘子手腕嬌軟。挙扇無力。不才願替娘子代一臂之労。那婦人方纔起身。深深道個万福。多謝官人。双手将素白紈扇遞与荘生。荘生行起道法。与手貼塚頂。連搧数振。水気都尽。其上頓乾。婦人笑容可掬。謝道有労官人。用力。将纖手向鬢傍抜一股銀釵。連那紈扇送荘生。権為相謝。荘生却其銀釵。受其紈扇。婦人

欣然而去。荘生心下不平。回到家中。坐於草堂。看了紈扇。口中歎出四句。（下略）

口語体文

聖諭広訓直解

第一条敦孝弟以重人倫。万歳爺意思。説我聖祖仁皇帝坐了六十一年天下。最敬重的是祖宗。因勧普天下。都要孝悌。所以聖諭十六条。孝弟就是頭一件。怎麼是孝呢。這孝順爹娘。在天地間為当然的道理。在人身上。為徳行的根本。你們做児子的。不知道孝順你的爹娘。但把爹娘疼愛你的心腸。想一想着。該孝。也不孝。你在懐抱的時候。餓了呢。自己不会吃飯。冷了呢。自己不会穿衣。你的爹娘。看著你的臉児。聴看你的声児。你笑呢。就歓喜。你哭呢。就憂愁。你走動呢。就歩歩跟看你。你若是略略有些病児。就愁得了不得。茶飯都吃不上口。不怨児子難養。反怨自己失錯。恨不得将身替代。只等你的身子好了。心纔放下。眼巴巴的眩你大。不知受了多小辛苦。躭了多少驚恐。養活你。教導你。到得成人長大。替你娶妻生子。望你読書成名。替你捕家立業。那一件不関爹娘的心。你想一想。你従胞胎生下。赤剝剝一条身子。並不曾帶一糸一線来。到如今。有吃的。有穿的。爹娘的恩可報得尽麽。你若是不暁得你爹娘恩。只把你待児女的心腸想一想。就暁得了。古人説得好。養子方知父母恩。（下略）

解説

著者は大正三年八月一日―六日、京都帝国大学第五回夏季講演会の席上において、『漢文研究法』と題する講演を行っている。明治四十四年八月十六日の『支那近世の国粋主義』(『支那学文藪』所収)につぐ、第二回目の講演である。当日の聴衆には、こうした講演会の性質上、一般の人が多く、中でも「中等教育に従事し、漢文の授業を担任さるる方が少くなかった」であろう。しかし大学関係者も勿論参加していたのであり、校訂者がかつて梅原末治博士より伺ったところによると、若き時代の博士はこの講演を聴講するよう著者に命ぜられ、ノートを取ってこれを整理し、著者の手許に差し出されたことがあるという。不幸にして梅原博士のノートはついに見出すことができなかったが、同じく聴講者の一人であった稲葉君山(岩吉)博士のノートを参考にすることができた。もとより著者の草稿は家蔵していたが、不明の点や欠けている個所も少くなかった。稲葉ノートによってこれらが解明され、補われることになったのである。

この稲葉ノートを利用し得たのは、全く吉川幸次郎博士の御厚志による。博士は昭和五十年、東京の山本書店より、このノートを購入され、校訂者に御恵与下さったのである。今、このノートの第一頁目に

大正三年京都大学夏季講演会君山湖南二師講稿昭和五十年秋得於神田山本書店云稲葉氏岩吉所録謹貽故師哲孫狩野直禎君

弟子　吉川幸次郎

と墨書されている。ちなみに内藤湖南博士の講演は『清朝の史学』であった。又このノートの末には、「理学博士小川琢治先生講演『支那に於ける本草学の起源及び発達』（大正八年二月廿二日土曜）」が筆録されている。

この講演の目的は「秩序的に漢文を研究する方法」を講ずるにあった。ここにいう漢文とは「狭義に於ける漢文、即ち詞章」をいうのではなく「経史子集等乃ち所有る漢文を以て綴られたる典籍」をさすのである。狭義の漢文研究についての言及は、本書に収める『漢文釈

例』に譲る。

さて「余輩が或る事項に就いて研究をするには、何如なる典籍があるかと云ふ事を知るのが、一番肝要」であり、同時にその典籍を「正当に解釈する事が出来なかつたら、何如に頭脳が明白で、推理が正しくあつても、其結論は怪しきもの」となるのであって、ここに漢文研究法の必要性が生じる。この研究法は「かの物理化学者が其学問の研究をなすには、器械によらざるべからざると同様に、漢文を読みて之を理解するには、即ちそれぞれ器械が必要となる」その器械の何たるかを知ることにある。器械の語は現在しばしば用いられる工具を含んで、もっと広い範囲に及ぼう。

それまで哲学・文学の分野についての発言の多かった著者にとって、研究法についての講演は異色であり、又それ以後も目録学といった方面への言及は、ほとんどなかった、否全く行われなかったと言ってもよい。「「目録学のことは内藤君にまかせておけばよい」と考えられたのではなかろうか。」これは吉川博士が、校訂者にもらされた推測である。このように著者にとって異色な講演であったとしても、それが大正三年に行われたことを考える時、この講演は行われるべくして行われたと言うことができよう。

大正元―二年にかけて、著者はヨーロッパに留学している。それまでの清国滞在中においても、上海にあるイギリスのアジア協会北シナ支部と交渉をもち、シノロジーの方法に接していたが、ヨーロッパにあってそれを目前にしたのである。著者はその師島田篁村《こうそん》より清朝考証学を伝えたのであるが、この考証学に西方シノロジーの方法を加え、吉川博士が『支那学文藪』の解説に述べられたように、日本儒学の改革者、創始者として現れてくる。この講演はかくして作りあげられた著者の学風の方法論を展開したものとして、大に注目されよう。

『漢文研究法』の大きな部分が目録書と類書の叙述にさかれていること、読者の直ちに気づかれる所であろう。それは汗牛充棟ただならぬ典籍をいかに有効に利用するか、そのためには目録書を見る事が必要であり、又その典籍に書かれた内容を正確に理解するには、中国の詩文作成の特徴をなす典拠を明にせねばならず、そのための手段として類書が要求されるからである。

さて著者は、漢文の定義、漢文研究法の確立の必要性を述べたあと、典籍の年を追って増加することに及ぶ。「後世に生るれば生る丶程、読むべき典籍が多くなる」のであり、「元来経書は増加せずと云はる丶も、是は本文は増加せざるも、研究せる書は増加する」のである。乾隆年間に四庫全書編纂されたが、著者は前年「清朝の内閣に就いて、此の乾隆時代の存書存目以外の本多きを見た。」その外、四庫全書の中に入らぬものとして禁書、戯曲・小説の類がある。ここに「支那の研究殊に風俗上の研究には是等小説の研究も必要なり」とあるは、著者の研究が小説・戯曲に渡って居る理由をも示そう。さらに典籍の増加は時間的には乾隆以後に、地域的にはヨーロッパにも及ぶのである。「支那の学問といへども、其中には支那の哲学・宗教・地理・歴史・文学といふ位に色々科を分けて研究すればよいので、必ず支那に関する典籍が、或る一人に対して尽く必要なりといふ訳にはあらざれども、此等の学問は互ひに相関係して居る」とあるは、年々専門化し細分化して、その分野にたてこもりがちの現今学界の趨勢にたいし、注意を喚起するものとなろう。

さて浩瀚なる典籍を前にして、我々はどのような事から着手せねばならぬか。ここに目録学への精通の必要が説かれるのである。「第一は吾人が或る事を研究するには、如何なる典籍あるかを知らざるべからず。第二は是等の典籍の内にて、何が最信拠すべきか。……或る典籍につきて信拠すべき程度を知ることとなり」と、所謂る資料批判の必要を説く。それは「支那の典籍中に困った事は、偽書が非常に多」いからである。以下第一講、第二講と二回に渡って目録書の話がつづく。目録書を重視せる人として著者があげるのは今人では張之洞《ちょうしどう》であり、清朝中期には王鳴盛であり、日本人では松崎慊堂である。また「一体『史記』と『漢書』は支那の歴史の最古のものにして、この『史記』と『漢書』に就いては種々学者の間に優劣の論あれども、書物を研究する上より云へば『漢書』に芸文志あるは『史記』に優るものあるを知るべし」とあるは、著者の漢書重視の一つの現れでもあろうか。又「清朝にても蔵書目録極めて多く、これには珍本のものと真に大切なるものとあれども」とあって、珍本に対して真に大切なものというのは著者の学風を知るに重要な発言であろう。ちなみに著者の蔵書にも珍本は殆んど存在していない。

第一講の末から第二講の初にかけて、『永楽大典』と『四庫全書』編纂のことが述べられる。『四庫全書』については、著者は又『中国哲学史』（岩波書店）『清朝文学』（未刊〔『清朝の制度と文学』みすず書房〕）など京都大学における講義にてもしば〳〵言及している。又目録学の書として高く評価されるのは張之洞の『書目答問』『勧学篇』『輶軒語《ゆうけんご》』である。これらの書物が現在でも価値あるものであること疑ないが又、この講演のなされた時代を偲ばせる。『書目答問』は「経史子集の重なる書目を挙げ、且各書の下には、簡単なる注意を載せて居るが、流石張之洞の著述丈ありて、中々見識あり」とし「又此の書の末尾に、国朝著述諸家姓名略の一門ありて、清朝学者の経学文章に於ける流派を示す。これも亦極めて必要なり」と高く評価している。何故にかく必要なるかといふに「凡そ経学でも文章でも、或る人の著述を読むには、其流派を知る事肝要」であり「書を読むには先づ其の学問の筋を知り、而して後読むべきなり」と、漢学派・史学派・理学派・朱子派・陽明派と流派によって、思想文章に根本的な違いを認めて、これを尊重するのが著者の立場であり、折衷派はその尤も嫌う所であったからである。この事吉川博士『論語孟子研究』の解説に詳しい。著者は『書目答問』の説明を結ぶに当って「此の書は有益なり」と重ねてくりかえす。『勧学篇』は守約の一編に注目し、「旧学を廃して西洋の学に全力を注ぐを可となすの説出づるかも知れんが、旧学とても専門にやるには一生涯もかゝるけれども、唯根柢を養ふに留め、其読むべく学ぶべきものを精選して、其数を少なくしたら決して西洋学問の妨となるべからずとて、経史等に就きて読むべき書籍の名を挙」げて、頗る簡約にして要領を得たる書とする。最後に『輶軒語』は語学・語文・学究語の三章を一読の価値あるものと認め、「日本人が読んでも大に有益なり。訓詁等の事も述べたり。其他種々親切なる注意あり」という。

かく漢書芸文志より、清末張之洞までの目録書を大観したあと、著者は「支那学関係の西洋の書目」なる項を設けていること、やはり注目されねばなるまい。

第三講から第四講の初めにかけては類書の説明に費される。先ず漢文が典故を多く用ゆることを述べ、『日知録』より実例を引き、また閻若璩《えんじやつきよ》ほどの大学者も出典を探るのに十五年、二十年の年月を要したことをあげる。ついで典故を調べるに便利な書として、類書の存在することに説き及ぶ。

類書として確かなものは唐宋時代に成った書で「前清康熙時代にも、御承知の通り『淵鑑類函』とか、『佩文韻府《はいぶんいんぷ》』などいふ調法な物が出来て居る」が「一寸分らぬ事を調ぶるには、類函、韻府を見れば宜敷けれども、何か学術研究をなし、論文でも作るといふ場合には、類函にあるとか、韻府にあるといふた丈では不可なり」と論文執筆の心構えが示される。又類書を引く第二の注意としては「殊に類書に必要なる注意は、文字の校正よく行届いて居らぬことなり。折角我輩が類書を引き張りても、文字に誤りがあつては何にもならぬ」という。類書についての第三の注意点は、「西洋の百科全書などと違ひ、唯一部の類書を以て事足れりとする能はず。又一部の類書あれば、何如なる事にても其内に網羅さるゝと言ふ訳に行か」ざることで、学校図書館と個人では購入の経費違うが、個人としては「『芸文類聚《げいもんるいじゅう》』・『太平御覧』などあれば、先づ間に合せの事は出来ると思ふ」と類書購入の方途に及ぶ。第四の注意点は、類書を引く場合必ず原書との引合わせを必要とすると説く。「何故に必要あるかと云ふに、蓋し支那人の癖として、類書に或る書を引用するときは、必ずしも原書の儘にせず、時には文字を割裂し、又文章を改めたり、文字が多少違うて引用する事ある故、必ず原書と引合はさざるべからず。」「然れども又注意を要するは、類書に引くものと原書と文字の異同あるとき、直に類書を以て誤れりとなすべからず」「実際通行本の誤を類書に引用したるものによりて正し、此によりて正しく或文句を理解するを得る例甚多し。唐宋時代の類書の尊重すべき一の理由は実に此にあり」など、類書と原本との比較の簡単でないことを説く。

類書は官撰のものが多いが、私撰のものとしては王応麟の『玉海』があるとし、王応麟は博学の点では「宋代は無論、総《す》べての時代を通して此の如き人は幾《いくば》くもな」き人で、其著『困学紀聞』はのちの顧炎武の『日知録』と匹敵すべきものと評価する。

又『太平御覧』を説明するついでに『太平広記』に及び、小説を読むの必要性にいたる。太平広記は「従来小説を録するものとして余り尊重されざるも、御覧と共に、漢文を修むるもの、必ず参考すべきものと思ふ」と従来の太平広記への評価をくつがえし、「抑〻漢文を修むるものは、唐及び其れ以前の小説は参考書として必要なり。何如となれば、此等の小説は其出来た時代が古いから、後世の人は経史と同じく、小説に記載されたる事項を典故として用いるもの甚多し」と小説類を見るの必要性を述べる。なおここに言う小説は「宋元以来俗文を以て書きし小説とも違ひ、又今日の所謂小説とも違ひ、怪談の性質を帯び、雅文或は純粋の四六にて書きしもの」を指す。

ついで叙述は、第四講より第五講の初めにかけて、人名・地名・官名制度の調べ方へと進んでいく。先ず人名・地名の調査の器械となる書名を幾つかあげるが「それは又検索者の巧拙にもより、又其運にもよるべし」とこれらの調査の困難な事を示す。つづいて官制をどうして知るかということになり、「余思ふに、制度の上に於て必要なるは唐の制度と前清の制度にて、官制も此の二つを飲込みて居れば大概な事は分る」と、唐・清の制度を軸にして、それより測りて各時代の制度を知ることができるとする。又これに関連して、公牘文《こうとくぶん》を読むのに清の制度を知ることの必要を述べる。ここに公牘文とは我国にて誤って時文というもので、「時間があったら、公牘文其他目下支那の新聞等の読み方に就いて御話せんと欲」したとある。結局これも『漢文釈例』に譲ることになる。

第五講の残りは叢書と、訓詁の変化の注意にあてられる。叢書というは「種々の書籍を一まとめにして刊行したる」ものにて、「支那の書籍は分量頗る多く、己が或研究をなさんとするにも、種々の本を集めざるべから」ざるが、ここに本を集めんとするには、叢書を買うに如《し》くはなしとし、以下叢書の種類を五項に分けて説明する。即ち、(1)珍籍のみを集めたるもの、(2)学問の種類により集めたるもの、(3)地名を冠するもの、(4)一人一家の著述を集めたるもの、(5)最普通なるものとして、四部に通じて多くの人の著述を集めたるものである。そして多くの叢書の中からどの叢書を選ぶかは、其人の学問のすじに由るとする。終りは訓詁の変化の注意であり、「漢文殊に古典を読むには、非常に大切なる事は訓詁を明にする事なり」とし、荀子に見える「偽」字などを例に取りて説明する。そして訓詁の違ひは「漢学・宋学」の分れる所とする。

さて訓詁を知るには何がよいかということから「又訓詁を知るには『康熙字典』でもよろ

し。併しあれは極めて出来の悪きものとなつて居るので、少し古典でも読みて、真正に其訓詁を知らんとするには使用すべからず。別によきものあり。即ち阮元の作りし経籍《けいせき》簒詁《せんこ》といふものあり」と論及する。ついで文字の研究に必要なものに及び、「昔と今と古語の異なる注意すべし」といい「漢文をやるには支那人のものを読むべし。一体支那の学問も段々進歩せるものなれば、清朝の人のやれるよいものは、これを利用すべし」とあるのはこれ又著者の学風を示す。

本書は「学問に簡便法は不可なり。余の以上述べしは真面目の研究には当然必要とする準備なりと信ず」で結ばれるのである。

『経史子概要』　実は経部の五経だけであるが、いつごろどのような形で発表したものか、或は発表するつもりであったものかわからない。

内藤湖南全集第十二巻の「あとがき」に、内藤乾吉氏は次のように述べていられる。

「書目答問（史部）補正は、言うまでもなく、張之洞の「書目答問」の史部の部分を増補訂正したものである。これは大学の講義ではない。……梅原（末治）博士の談によると、これは元来、支那学を志す学生に読書の指針を与える目的を以て、狩野君山、富岡桃華両先生と著者とで、経史子集の四部を分担して、一書を編む筈であったが、両先生の分は出来ずじまいになったらしく、著者の受けもった史部の分だけが未完成のままで残ったもののようである。」

この原稿は、或いはこの書の為めに書いたものであろうか。とすれば、富岡謙蔵氏の亡くなった大正七年以前のものとなる。そうでないにしても、残された原稿の書体から見ても若い時分のものであることは疑いない。

さて本書の内容であるが、最初に目録学大要をおいているのは、『漢文研究法』の主張と同じ。ついで経の名称及び順序をのべ、以下、詩・書・易・礼（三礼）・春秋（三伝）の順に、それ〴〵の説明と伝述（すべてではない）を述べ、参考書を附する。参考書の排列には「学問はすじを立て、行かねばならぬ」とする著者の考えにもとづく。

なお『支那文学史』（一九七〇年　みすず書房）を併せ読まれることを希望する。

『漢文釈例』　これは中学校の教員を対象にした講演のようであるが、いつのころのものかわからない。漢文を文体によって五つに分ち（古文、四六文、公牘体文、小説体文、口語体文）、それ〴〵の文例をあげて、講述したのであろうが、家蔵の原稿には、古文と四六文の相違を述べたものしか残っていない。聴講者のノートもなく、多くの部分を補い得ないのは残念である。なお当日聴講者には、印刷に附した例文が配布されたが、この稿を起すにあたっては、傍点や訓点を附した著者の原稿を利用した。

なお本書全体を通して、本文中に（備考）と見えるのは、著者の附しておいたものであり、＊印の補注は、吉川博士の御助言もあって、今回読者の便を慮《おもんばか》って、若い友人達の意見を聞いて、新に校訂者が附したものである。補注の責はすべて校訂者にある。博雅の士の御教示を待つ。

本書の成るにあたって、吉川幸次郎博士は、稲葉氏のノートを恵与されたほか、御多用中にもかかわらず、定稿の作成、校字、解説などにつき種々御助言を賜わった。厚く御礼申しあげる次第である。

又本文の校正、補注の項目の撰定、索引の作成等にさいしては、阪倉篤秀、檀上寛、礪波護、冨谷至の諸君に御協力を仰いだ。みすず書房、加藤敬事氏の、いつもながらの御配慮とあわせて、感謝の意をささげる。

昭和五十四年十一月十二日

狩野直禎

『漢文研究法』を読む

古勝隆一

著者が亡くなったのは一九四七年十二月のことであるが、その翌年、京都の弘文堂から出版された『東光』（第五号、一九四八年四月）という学術雑誌に、「狩野直喜先生永逝記念」として著者の追悼特集が組まれた。その中に、梅原末治氏の「故先生のことども」という一文があり、本書に収録された一般向けの講義「漢文研究法」（一九一四年の八月初旬）への言及があるので、まず紹介したい。

右の題目は当時世間の注意を惹き、中にはそれで漢文が読めるようになると思ふた人などもあつたと覚しく、聴講の申込が百名を超へると云ふ盛況を呈した。そこで私も是非それを拝聴したく思ひ、お許しを受ける為に内藤先生から添書をいただいてお宅に参上したわけであつた。……右の講義は毎日二時間宛一週間つづき、毎回多数の書籍を展示しながら所謂漢文―実は広く中国のあらゆる学問を学ぶ門径をば秩序立てて説かれた。

そして、それが折から第一次欧洲大戦乱の勃発と云ふただならぬ世情のうちに行はれた点で特に感銘を与へたことでもあつた。

なるほど、この講義の行われた一九一四年（大正三年）八月初旬といえば、その直前の七月二十八日、オーストリア＝ハンガリーがセルビアに宣戦布告したことに端を発する第一次世界大戦の幕開けの時期であった。このような緊迫した世界情勢の中で、「漢文」なるものに関心を寄せる、熱気を帯びた聴衆たちが京都に集ったのであった。

ただ、梅原氏が続けるところによると、この講義を聴くことで「漢文が読めるようになると思ふた人」たちの期待は、必ずしもかなえられなかったらしい。

尤も聴講の過半はその学の如何に六ヶ敷いかを知り得たに過ぎなかつたらしく、私の隣りで聴講してゐた豊橋から来た若い一工兵中尉君はこれでは一向漢文が読めそうもないと歎声を漏らしてゐたほどである。これは聴講生の或者が先生の一部分示された『太平御覧』とか『冊府元亀』などの値を彙文堂に就いて問合せに出掛け等して、先代の友直氏を面喰はせた話などと共に今も思ひ出されるエピソードである。

調べものをする際に用いられる「類書」について、著者は「『芸文類聚』・『太平御覧』などあれば、先づ間に合せの事は出来ると思ふ」（本書、七六頁）と説いたわけだが、受講者の一人がその講演を聴いた足で彙文堂に出向いて、『太平御覧』一千巻の価格を書店に問い合わせた、というエピソードは実に興味深い。今でこそ誰でも手軽にその影印本を購入でき、わたくしも台湾商務印書館から出版された五冊本を愛用してはいるものの、当時の状況を考えれば、たとえ流布本の石印本であろうと、学者でもない人が一揃い買って手もとに置き参照するというのが、当たり前であったようにも思われない。ましてや著者の勧める、江戸時代に出版された和刻本『太平御覧』など、百五十三冊もある大部の物で、これが一般家庭の書架に置いてある様子は想像しづらい。「これでは一向漢文が読めそうもない」という、ある受講者の嘆きにも、もっともなところがある。そういう意味では、この講義において説かれた方法は、すでに当時の感覚からしても、相当に迂遠の面があったと言えよう。

しかしながら講演から百年以上を経た今日、わたくしなどがあらためて本書を読んでみると、迂遠どころか、中国学の学び方の核心をとらえており、その行き届いた配慮はいささかも古びていないように思われるのである。これは一体どういうことであろうか。

講義から百年を経て、あらゆるものが大いに変化した。国際的な情勢も、我が国を含めた東アジア各国の政治的なあり方も、当時とはまったく異なると評価もできよう。その中でひとり学問のみが平穏無事で変化の波を被らなかったなどということは、あり得まい。中国学をめぐる大きな変化を思いつくまま挙げてみよう。

（一）「中国」なる研究対象が相対化されたこと。（二）その「中国」についても、儒教中心の価値が（当時にもまして）相対化されたこと。（三）さまざまな新資料が（いよいよ多く）出現し、これまでの伝世文献に対する再考を（より切実に）迫ってきたこと。（四）基本的な文献の整理や、参考資料の整備が進み、また研究も長足の進歩を遂げたこと。（五）前世紀の末以来、急速な進展を遂げた情報化技術が、この学問分野に対しても多くのデジタル情報を提供していること。そういったことが、この百年の間に起きたのであり、また現在も状況は活潑に変化し続けている。

上記の（一）については、長い歴史を通じて「漢」字を操り「漢」籍を大量に蓄積してきた「漢」文化を中心に据えてなされる、伝統的な研究に対して批判が加えられ、より広くユーラシアを研究対象として視野に入れることの重要性が、今日の学界では強調される傾向にある。確かに、漢籍ひとつをとってみても、漢族ばかりが作り上げたものでないことは明らかであり、「漢」のみを特別扱いして研究するわけにはゆかない。著者にとっては、このようなことは当然であったかも知れず、講義において、「支那を中心として、其他亜細亜民族と支那との関係を調べる、即ち支那史でなくて東洋史などを研究せんとせば、彼等西洋人の著述は必ず参考せざるべからず」（本書、一八頁）と言い、また「支那学の上にて、歴史地理の方面、支那と塞外民族との関係、印度アラビヤ若《もし》くは南洋との交通等の問題を調ぶる人には、西洋人の論著を参考とすること必要なり」（本書、四八頁）とも言っている。著者はすでに当時から、研究対象、研究意識とも、偏狭な「漢」学の圏域に閉じ込められてはいなかったわけである。

（二）はどうか。研究対象たる伝統中国においては、儒教がその中心を占めており、それがかつては学術的研究にもある種の偏向を与えてきたとも言えようが、この百年、そのような傾向は弱まった。研究対象としての儒教が無価値になったわけでは決してないが、儒教は相対化された。この点について言うと、この講義における著者の方法は、徹底的に文献に即したものであり、たとえば孔子の偉大さを語るような記述は皆無であり、価値の面にはほとんど触れられていない。むしろ、『太平広記』という、当時はそれほど重視されていなかった文献について、「此書により一般の支那人に従来何如《いか》なる宗教思想や迷信有りしかを知るを得」（本書、七〇頁。傍点は引用者、以下同じ）といって、オランダの学者、デ・ホロート氏の業績を称揚していることなど、儒教のみに関心が限られておらず、民衆に目が向いていることが明らかに看取できる。また、「支那の研究殊に風俗上の研究には是等小説の研究も必要なり」（本書、一六頁）というのも同義であろうし、この方面に関する著者の豊富な研究業績が、民衆生活への関心を示している。なお、本書に収める「経史子概要」には、目録学と儒教経典の部分しか伝わっておらず、題と内容とが一致しないが、かりに「経史子集の四部を分担して、一書を編む筈であった」(狩野直禎氏の解説、本書、二〇一頁) ものの著者担当分であったとすれば、怪しむに足りないことである。また、著者が儒教経典の研究でも大きな業績を挙げたのはよく知られた事実であるが、たとえ今日においても儒教の研究の意義は大きなものであり続けていることを考えれば、著者に儒教偏重のレッテルを貼ることはできない。何より、本書が儒教一色になっていないことがその証拠であろう。

(三) (四) (五) については、いずれも文献・参考資料・研究環境などの面の整備ないしは改善と受け止めることができると思うが、こういったことはすべて著者の喜んで受け入れたはずのことではないか。著者が古い研究資料に執着するような狭量な学者でなかったことは、「漢文研究法」第二講に見える、敦煌から発見された古写本への言及からも知られよう。新しい文献、新しい参考資料、新しい研究環境、いずれも著者の視野にはあらかじめ収められていたことであろう。インターネットの出現まで予知していたとはさすがに言わないが、ただ、「漢文研究法」に挙げた参考文献の多さについて、著者自身、「余の臚列《ろれつ》したるものが、多きに過ぐるの感を有せらるゝ人もあるべし。然れども後世はいさ知らず、今日までの所は此等の器械を使用せざるを得ず」(本書、九九頁) と言うのを見ると、後世の技術的な進歩を期待する口吻は感じられよう。さらに、求める証拠が見つけられるかどうかは、「検索者の巧拙にもより、又其運にもよるべし」（本書、八三頁）とも言っており、このような状況は今でも生きているところである。

また、学術的な環境というより、広く一般社会の様相を見ると、江戸時代以来の伝統漢学の影響が弱まり、日本人の漢学的な教養が弱まった一方、近年、中華人民共和国の国際的なプレゼンスが高まり、日本人の中国観も更新を余儀なくされている。著者は、清朝に留学し、義和団事件に巻き込まれた当事者であったばかりでなく、一貫して現実の中国の動向に関心を寄せる人であった。清朝の制度を理解することの重要性を説き、「余が清朝の制度を知れと云ふは、独り古文の研究のみならず、現今の支那を知るにも、前清の制度を心得る事必要なりとす」（本書、九二頁）と言うのが、「いまの中国」をとらえる著者の鋭い眼光を示すものに他ならない。仮に現在の中国の姿、現在の日中関係を見たならば、どのような考えを抱かれたものであろうかと、とりとめもない空想もされる。

このように概観してくると、少なくともわたくしの眼から見れば、本書に示された研究手法は、いささかも古びていない、というわけである。「漢文研究法」に説かれた研究手法と参考書の用い方は今日においても有益な示唆に富み、「経史子概要」に示された経学の伝承と文献目録の整理は実用的であり、また「漢文釈例」は、『論語』や『史記』『十八史略』ばかりではない中国文の文体のヴァリエーションを読者に伝えることであろう。本書を通じて挙げられた文献が、いささか多すぎるように思えても、「一体学問に簡便法は不可なり」（本書、一一一頁）というのは今もかわらぬことである。

そして参考資料について言えば、むしろ、書籍の整備と情報技術の発達にともない、著者が示した「器械」の利用は大幅に容易になっているのである。たとえば、「漢文研究法」第五講には、「古典を読むには、非常に大切なる事は訓詁を明にする事なり」（本書、一〇六頁）と訓詁の重要性が説かれるが、その重要性は今日においていささかも変化していない。ただ、当時、著者の推薦する『経籍籑詁』を購入することはかなり難しいことであったが、現代では手軽に入手でき、またインターネットで検索してみることもできる。ましてや『漢語大詞典』などの、より整備された現代的な辞典類がこれまた入手容易となり、訓詁を確認することは、百年前とは比較にならないほど易しくなった。先に言及した『太平御覧』などについても、同じことが言える。著者や本書「補注」が挙げる「器械」のうちには、すでに歴史的使命を終え、後発のものにその地位を譲ったものも含まれているが、しかし、方法自体は今日なお有効であり、しかもそういった参考資料等の利用はかなり容易になっている、というわけである。梅原氏が揶揄した「若い一工兵中尉君」も、今の時代においてならば、途方に暮れずにすんでいたかも知れない。

ただ、書籍が整備され、情報技術が発展を遂げたのは、喜んでばかりいられることでもない。「情報」を得やすくなったことと裏腹に、研究者の読書量が減少し、資料・文献に対する把握が甘くなっていることは、わたくし自身において感ずるところである。また、これから中国学を学んでみたいという若い人々には、なおさら深刻な問題が潜んでいるかも知れない。苦労して本を入手し、それを読みたいという渇望が真剣な読書を支えるが、それを欠く状態であれば、切実な読書はなかなか困難なものとなろう。読書意欲の自己管理が必要になるものと思われる。

また、インターネットというブラック・ボックスから引き出された知識の断片をどのように体系化すればよいのか、という問題もある。その意味では、本書にも説かれる目録書と目録学の意義は、今後、ますます大きくなるものと考える。著者曰く、「浩瀚な典籍につき己の知らんとする事を求む、又其典籍の価値を知るに尤必要なるは、典籍の目録に通ずる事なり」、と（本書、二二頁）。目録学は、中国学の全体像を見渡し、その指針となるものであるからこそ、中国学に欠かせない。著者が「後世に生るれば生るゝ程、読むべき典籍が多くなる次第なり」（本書、一五頁）というとおり、百年前と比較にならないほど多くの情報が溢れている今日、この指針の意義は大きくなることはあっても小さくなることはない、というわけである。

本書で取り上げられたのは「漢文」の研究法だとはいうものの、梅原氏が「実は広く中国のあらゆる学問を学ぶ門径をば秩序立てて説かれた」（前掲）といみじくも喝破したとおり、巨大な構想を持つ中国学という学問に至る道を指し示したものなのである。そして、この学に取り組む以上、ある程度広い範囲に目を配る必要がある。著者は「支那の哲学・宗教・地理・歴史・文学といふ位に色々科を分けて研究すればよいので、必ず支那に関する典籍が、或る一人に対して尽《ことごと》く必要なりといふ訳にはあらざれども、此等の学問は互ひに相関係して居る」（本書、一九頁）と言い、中国学に内包される学問領域の関連性に言及している。「支那の哲学思想を研究せんとせば、文学を知らざるべからず。又歴史をも知らざるべからず」（本書、二〇頁）、というわけである。今日までの我が国の中国学のあり方を顧みると、そのおおむねにおいて著者の示した構想の範囲にあって、さらに網の目を広げて進展を続けているもののように、わたくしなどには思われる。

本稿の冒頭において言及した『東光』の「狩野直喜先生永逝記念」に追悼文を寄せたのは、内藤虎次郎、鈴木虎雄、小島祐馬、青木正児、梅原末治、神田喜一郎、倉石武四郎、宮崎市定、吉川幸次郎等々、中国学のあらゆる方面に及ぶ錚々たる先達であった。これら諸家のうち、著者の影響を受けなかった人は一人もあるまい。著者を取り囲んだそういった人物が、我が国の中国学の基礎を築き、さらに多くの学徒たちが力を尽くし、学問の網の目を広げ、今日に至る。中国学の分野では、文学・史学・哲学の垣根を超えた交流が活潑に続いている。これは著者の遺徳によるものではないか。このように回顧すれば、この学問への著者の向き合い方を直截に伝える本書は、今後とも読み継がれるべき古典的な入門の書であろうと思われるのである。

（こがち りゅういち／中国古典学）

Pelliot〈ペリオ〉 42
Prémare〈プレマール〉 18
Stein〈スタイン〉 42
The Chinese Government 97
The Religious System of China 70
T'oung Pao 51
Yuan, Tung-li 48
Zeitschrift der Deutschen Morgenländeschen Gesellschaft 51

論弁類　174

ワ

和刻本漢籍随筆集　72
和刻本類書集成　74

Abel-Rémusat〈アベル＝レミュザ〉 19
A Chinese Biographical Dictionary 78
A Chinese English Dictionary 78
A History of Chinese Literature 78
Archiv Orientalni 50
Arts Asiatiques 50
Asia Major 50
Asiatische Studien, Etude Asiatiques 50
Вестник Академии Наук СССР 51
Bibliotheca Sinica 48
Bulletin de l'Ecole Française d'Extrême-Orient 50
Bulletin of the school of Oriental and African Studies 50
Chavannes, Edouard〈シャヴァンヌ〉 19
China in Western Literature 48
Collège de France〈コレッジ・ド・フランス〉 19
Cordier, Henri 48
Demieville, Paul〈ドゥミエヴィル〉 19
d'Hervey de Saint Denys, Ier Marquis〈エルヴィ・ド・サンドゥニ侯〉 19
Dictionnaire Bibliographique des Ouvrages relatifs à l'Empire Chinoise 48
Dictionary of Ming Biography〈1368-1644〉〈明代名人伝〉 82
Eminent Chinese of the Ch'ing Period〈1644-1912〉〈清代名人伝略〉 81
Encyclopedia Britanica 57
Fairbank, J. K.〈フェアバンク〉 99
François Ier〈フランソワ一世〉 19
Frèches, José 19
Gernet, Jacques〈ジェルネ〉 19
Giles, Herbert Allen〈ジャイルズ〉 78
Goodrich, L. C.〈グッドリッチ〉 82
Groot, Jan Jacob Maria de〈ホロート〉 70
Harvard Journal of Asiatic Studies 50
Hirth〈ヒルト〉 94
Hummel, A. W.〈フンメル〉 81
Journal Asiatic 50
Journal of the Royal Asiatic Society 51
Julien, Stanislas〈スタニスラス・ジュリアン〉 19
La Sinologie 19
Legge, James〈ジェームズ・レッグ〉 138
Maspéro, Henri〈マスペロ〉 19
Meyers 97
Meyers Lexicon 57
Museum of Far Eastern Antiquities 51

劉孝標　58
劉焯　127
劉修業　50
劉邵　58
劉選民　49
柳宗元　175
劉鐸　101
劉知幾　170
劉表　148
梁益　133
梁丘賀　147
梁丘臨　147
遼金元人伝記索引　82
遼金元伝記三十種綜合引得　82
梁啓雄　80
聊斎志異　69
凌廸知　83
遼文存　84
呂氏家塾読詩記　132
呂祖謙（東萊）　84, 129, 132
邵亭知見伝本書目　40
呂不韋　163
林之奇　141
臨時台湾土地調査局　97

ル

類苑　58
類書　57-64, 76-78

レ

礼　116, 120, 145, 152-65
黎永椿　109
霊王（楚）　135
黎庶昌　100
冷泉院　27
礼説　159
嶺南叢書　102
歴史研究　51
歴代職官表　98
歴代人物年里碑伝綜表　88
歴代地理志韻編今釈　89
歴代地理志韻編今釈坿校勘記、地志韻編唐志補闕正誤校異、皇朝輿地韻編、校勘記　89
歴代筆記小説選　67
歴代名人年譜　89
歴代名人年里碑伝総表　88
歴代輿地図　91
列子　135
列朝詩集　84
連山　144-45

ロ

臘　169
老子注（王弼）　149
老荘学派　149, 160
老聃　120
魯学　24
魯共（恭）王　137, 161
六十四卦　144
魯詩　124-26
魯春秋　165
魯迅　17
盧生　67
魯の史記　165-67
魯伯　147
盧文弨　26
論語　42, 54, 104, 110, 120-21, 123, 126, 131, 134, 137, 145-46, 158, 168
論語公冶長　168
論語の鄭玄注について　43
論語孟子研究　89
論秦蜀　115

楊士奇　118
楊士勛　172
楊守敬　91, 104
楊慎　129
姚振宗　26
庸生　138
雍正帝と大義覚迷録　16
姚鼐　36, 174
楊殿珣　102
陽明派　44
楊倞　107
翼奉　125
吉川幸次郎全集　17
予章郡　176
与東方文化事業総委員会中国委員　38

ラ

礼運　163
礼記　121, 126-27, 137, 152, 159-60, 163-64
（欽定）礼記義疏　164
礼記経解　120
礼記集説（衛湜）　164
礼記集説（陳澔）　164
礼記正義　164
礼記析疑　164
礼記大全　164
礼記陳氏集説補正　164
礼記礼運　152
羅士琳　101
羅振玉　41, 104
羅福頤　43

リ

理学（派）　39, 44
李桓　80
六官　153
陸機　125
六経　20, 116, 146
六経天文編　74
六経六緯　120
六芸略　116
陸粲　171
陸贄　178
陸錫熊　33
六書音均表　109
陸心源　61, 88
陸績　145, 148
陸増祥　102
六部成語　94
六部成語註解　94
陸耀遹　102
李元度　81
李鴻章　85
李克　125
李斯　176
李氏五種　89
李滋然　37
李之鼎　104
梨洲遺書　103
李祖陶　85
李調元　83
李兆洛　89-90
栗豊　125
李鼎祚　150
李昉　62
劉熙　120
劉向　24, 116, 155
劉歆　24, 116, 155, 157-58, 168, 170
劉瑾　133
劉鈞仁　90
劉炫　127

補晋書芸文志（黄逢元）　27
補晋書芸文志（秦栄光）　27
補晋書芸文志（丁国鈞）　26
補晋書芸文志（文廷式）　27
補宋書芸文志　27
補南斉書芸文志　27
補南北史芸文志　27
補遼金芸文志　26

マ

松崎慊堂　23
満昌　125

ミ

民国以来人名字号別名索引　86
民国学術論文索引　50
（御選）明詩、姓名爵里　84
明詩綜　84
明人伝記資料索引　82
明代名人伝（Dictionary of Ming Biography〈1368-1644〉）　82-83
明板冊府元亀について　72

メ

名教　170

モ

孟喜　147, 150
毛亨（公）　108, 125, 128, 132
毛奇齢　103
孟卿　161
毛詩　125-28
孟子　104, 120-21, 123, 134-35, 155, 157-58, 165-66
毛詩稽古編　132
毛詩後箋　132
毛詩故訓伝　125
孟子字義疏証　110
毛詩正義　123
毛詩箋　126
毛詩草木鳥虫魚疏（陸機）　125
毛詩注疏　132
毛詩伝　126
毛詩伝箋通釈　132
毛詩伝疏　132
孟子万章下　155, 157
孟子梁恵王下　157
孟子離婁上　53
孟子離婁下　166
毛晋　105
孟仲子　125
毛萇　125
毛伝　108, 125-27, 129, 132
毛莫如　147
目録学　22, 52, 114-15
紅葉山文庫　76
問経堂叢書　24

ヤ

安井息軒　171

ユ

熊安生　164
熊会貞　91
輶軒語　20, 46-47
兪樾　103, 111

ヨ

容媛　102
楊億　71
妖怪文学　69
楊何叔元　147
楊家駱　105

武帝（前漢） 116, 155
武帝（梁） 32
武林掌故叢編 103
文淵閣 34, 143
文淵閣書目 28, 118
文王 144-45, 158
文滙閣 34
文学論文索引 50
文言 145-46
文源閣 34
文献通考 92, 118
文献通考経籍考 28
文献通考五種総目録、坿通典・通志 29
文史通義 20
文史哲学報 51
文思博要 58, 62
文津閣 34-35
聞人通漢 161
文宗閣 34
文溯閣 34-35
文帝（前漢） 136, 163
文帝（魏） 58
文廷式 27
文物 51
文瀾閣 34-35

ヘ

兵書略 116
邴丹 147
兵部尚書 94-95
僻典 54-55, 178
北京大学学報 51
別号索引 86
別録 24
変卦 148
（御定）駢字類編 74
駢体文 174-78
弁道 110
編年体 165
弁名 110

ホ

滂喜斎蔵書記 30
方技略 116
房玄齢 58
鮑刻 64
封国の制 157-58
彭作楨 86
鮑崇城 64
彭宣 147
茅乃文 50
鮑廷爵 106
鮑廷博 105
邦文歴史学関係諸雑誌東洋史論文要目 49
方苞 162, 164
方履籛 102
補疑年録 88
北宮錡 155
穆姜の辞 146
穆公（秦） 136
墨子 165
卜商 125
卜筮 143, 145-46, 148
繆荃孫 81, 84, 102
北堂書鈔 60, 62
北堂書鈔引書索引 60
北洋大臣 94-95
補後漢書芸文志 26
輔広 132
補五代史芸文志 27
補三国芸文志 26
補晋書経籍志 27

枚乗　176
佩文韻府　58
梅文鼎　101
白居易　62
白光　147
白孔六帖　62
博士　116
柏舟　126
白氏六帖　62
白氏六帖事類集　62
莫友芝　40-41
馬瑞辰　132
馬端臨　28, 118
八十九種明代伝記綜合引得　82
八卦　144, 148
八瓊室金石補正　102
八股文　46-47
八千巻楼書目　30
髪福　125
馬貞楡　90
林大学頭（林衡・述斎）　100
馬融　126, 138-39, 145
范希曾　45
班固　116-17
盤庚　139
燔書　155
燔書坑儒　115
万姓統譜　83
潘祖蔭　30
范寧　172
万有文庫　106

ヒ

秘閣　27, 118
比興　148
秘書省　60
秘書総目　28
碑志類　153
賁生　125
費直　147
筆記小説大観　67, 70
碑伝集　80-81
碑伝集補　81
秘府　116
秘府略　64
百官志　92
百川学海　105
譬喩　148
皮容　125
標準漢訳外国人名地名表附漢文索引、西文訳音分表　86
平仄　177
琵琶行を材料としたる支那戯曲に就いて　17
閔爾昌　81, 88
閔孫奭　84

フ

芣苢　126
馮可賓　106
傅毅　117
浮丘伯　124
服虔　170
復讎物　15
伏（生尚）書　137
伏生　134, 136-40
服生　147
服注　170
伏理　125
巫蠱の変　138
藤原佐世　27
仏教　149
物徂徠→荻生徂徠
伏羲　143-45

董仲舒　116
唐長賓　124
東坡書伝　141
東方年表　87
東方文化研究所漢籍分類目録附書名人名通検　30
東方文化事業委員会　38
東北大学所蔵和漢書古典分類目録漢籍　31
東洋学研究文献類目　49
東洋学の成立とその発展　18
東洋学文献類目　49
東洋史研究　49
東洋史研究文献類目　49
東洋史料集成　49, 99
東洋読史地図　91
塗惲　138
読画斎叢書　28
読曲瑣言　17
読史方輿紀要　89
読史方輿紀要索引支那歴代地名要覧　90
読書紀数略　74
読礼通考　162
都察院右都御史　94-95
杜思敬　102
杜子春　155
図書集成→古今図書集成
杜預　127, 170-71
杜（預）注　158, 169-71
杜林　138
燉煌　42, 58
敦煌学五十年　43
敦煌研究　43
敦煌古籍叙録　43

ナ

内閣文庫漢籍分類目録　31
内府本　33
中井積徳　171
名古屋市蓬左文庫漢籍分類目録　31
納蘭性徳　100, 164
南柯記　67
南江文鈔　36
南北史補志　27

ニ

二十五史人名索引　80
二十五史補編　25-27, 82, 101
二十史朔閏表　87
二十四史　79-80
廿四史伝目引得　80
日知録　22, 53, 72, 133
日知録之余　73
日本期刊三十八種中東方学論文編目附引得　49
日本国見在書目録　27
日本国見在書目録に就いて　28
日本刀歌　137
日本における東洋史論文目録　49
二帝三王　134

ノ

述而不作主義　146

ハ

拝経楼蔵書題跋記　30
排行　85
沛公　115
梅賾　139
梅鷟　140

陳徳芸　86
陳農　24, 116
陳璧如　50
陳夢雷　75
陳良時　56

ツ

対句　175-77
通行本　77
通志芸文略　28, 118
通志校讎略　115
通志堂経解　100, 103
通鑑地理通釈　74
通鑑答問　74

テ

程伊川　150
程栄　105
丁寛　147
鄭興　156
鄭康成→鄭玄
丁国鈞　26
定古文尚書序　136
程子　46
鄭司農→鄭衆
程朱　103, 121
鄭衆　40, 126, 156
程朱学　39
鄭樵　28, 118, 127-28, 168
鄭箋　127, 132
鄭大夫→鄭興
鄭注　156, 162
程伝　150
程敏政　85
鄭風（詩経）　130
丁福保　83
丁文江　91
丁丙　30
程明道　128
亭林遺書　103
鉄琴銅剣楼蔵書目録　30
輟耕録　115
天一閣書目　30
田王孫　147
田何（子装）　116, 147
典故　177-78
殿試　56
天主教　75-76
篆書　161
伝状類　174
典志類　174
天禄閣　116
天禄琳琅書目　118

ト

都尉朝　138
東垣十書　102
唐官鈔　93
道教　66
東京大学東洋文化研究所漢籍分類目録坿書名人名索引　30
東京大学文学部中国哲学中国文学研究室蔵書目録　31
鄧嗣禹　66
唐氏学　124
陶秋英　88
唐抄本鄭氏注論語集成　43
道蔵　70-71
陶宗儀　60, 115
唐宋白孔六帖　62
唐代の行政地理　91
唐代の散文作家　84
唐代の詩人　83
董卓の乱　117

紂　149
中央研究院歴史語言研究所集刊　51
中華人民共和国分省地図集　91
中華民国新地図　91
中古　145
中国研究文献案内　99
中国古今地名大辞典　90
中国史学入門　99
中国史学論文引得　50
中国史学論文索引　50
中国小説史の研究　18
中国小説史略　17
中国小説の世界　18
中国人名大辞典　79
中国随筆索引　67
中国叢書綜録　105
中国地学論文索引　50
中国地方志綜録　101
中国地名大辞典　90
中国哲学史　15, 97
中国哲学を学ぶ人のために　99
中国文学家大辞典　85
中国文学報　49
中国分省新図　91
中国方志叢書　101
中州集　83
中書省　96-97
疇人伝　101
中庸　121, 163
張惟驤　88
張禹　147
張海鵬　64, 105
張邯　125
趙匡　168
張金吾　84
張璜　87
晁公武　28, 118
張刻〔太平御覧〕　64
冢宰　153
趙子　125
張氏学　124
趙氏孤児　18
張之洞　20, 43-45, 55
張就　125
趙襄子　168
張忱石　80
張生　136-37
鼂錯　136
張蒼　170
趙祖銘　45
長孫順　125
張長安　124
張伯行　101
長髪賊の乱　35
趙賓　147
趙孟頫　140
張遊卿　124
趙綰　124
直斎書録解題　29, 118
勅撰本　38
褚氏学　124
褚少孫　124
陳垣　85, 87
陳奐　132
陳啓源　132
陳建侯　109
陳澔　164
陳師凱　141
陳氏中西回史日暦　87
陳述　27
陳振孫　28, 118
陳乃乾　16, 37, 86
枕中記　67

続疑年録　88
続金華叢書　103
続群書類従　64
続古逸叢書　29
続修四庫全書提要坿四角号碼索引　38
続碑伝集　81
続百川学海　106
俗文　66
続呂氏家塾読詩記　132
祖孝徴　58
蘇軾　128, 141
蘇轍　127, 132
蘇天爵　85
徂徠学案　110
孫衣言　103
孫虞子乗　147
尊経閣文庫漢籍分類目録　31
孫士毅　33
孫星衍　60, 142
孫馮翼　58

タ

太陰暦　87
大禹謨　140
大易　145
大学　121
大夏侯氏学　137
戴渓　132
大功　162
大宰　153
大師　122
戴氏遺書　103
太史氏　165
太子少保　94
大司馬　154
大小毛公　116
戴震　103, 110
大清一統志　89-90
大清会典　96
戴震集　110
戴崇　147
太誓　136, 139
戴聖　161, 163
太宗（唐）　149
太宗（宋）　62
大唐六典　93
戴徳　161
太平記　68
太平記に見えたる支那の故事　68
太平御覧　62-65, 71, 76-77
太平御覧引得　65
太平御覧索引　65
太平広記　52, 69-71
太平広記人名・書名索引　66
太平広記篇目及引書引得　66
太平総覧　62
太平天国の乱　35
大宝令　92
大卜の職　145
大毛公　125
太陽暦　87
大陸雑誌　51
台湾私法　98
台湾総督府台湾旧慣調査会　97
単行　176-77
段玉裁　109, 142
檀弓　164
譚世璧　85
象伝　145, 147

チ

知伯　168
知不足斎叢書　105

石刻資料新編　102
石刻題跋索引　102
葉徳輝　30
説文解字義証　110
説文解字注　109
説文段注札記　109
説文段注鈔　109
説文段注補鈔　109
説文通訓定声　110
説文通検　109
説文提要　109
銭亜新　65
潛園総集　88
全漢三国晋南北朝詩　83
前漢不列伝人名韻編　82
銭儀吉　81, 100
銭熙祚　105
千頃堂書目　30
銭謙益　84
潜研堂金石文跋尾　102
潜研堂全書　103
全五代詩、補遺　83
船山遺書　103
銭椒　88
全上古三代秦漢三国六朝文　84
全上古三代秦漢三国六朝文作者韵編　84
践阼篇集解　74
銭大昕　26, 88, 103
先鄭　156
宣帝（前漢）　136
銭東垣　28
全唐詩　83
（欽定）全唐文　84
（欽定）全唐文姓氏韻編　84
泉府　157
千仏洞　42, 58

ソ

宋学　39, 104, 109, 160
曹学佺　83
双行　176-77
奏議類　174
宋元戯曲史　17
曾国藩　40, 85, 174
曾子　164
宋詩　83
荘子　55, 134-35
宋史職官志索引　93
（御選）宋詩姓名爵里　83
荘子天運篇　120
荘子天下篇　120, 135
荘子天道篇　120
宋儒　109, 156, 168
叢書　100-05
（増訂）叢書挙要　104
叢書子目索引　105
叢書集成　28, 106
叢書大辞典　105
贈序類　174
曾申　125
宋人伝記索引　82
宋人伝記資料索引　82
曾世英　91
双声畳韻　108
宋代官制序説　93
宋代疆域図　91
荘鼎彝　82
総督　94-95
宗伯　154
宋文鑑　84
曾樸　26
臧励龢　90
続彙刻書目　104

書目答問補正　45
書録解題　28
子略、目録　118
士礼居叢書　105
士礼居蔵書題跋記　30
四六（文）　66, 175-78
讖緯　156
秦栄光　27
進学解　92
秦蕙田　162
申公（培）　116, 124
任宏　116
清国行政法　93, 97-98
仁斎東涯学案　110
慎始基斎叢書　44
申叔時　165
晋書人名索引　80
清詩匯　84
神仙談　66
真宗（宋）　71
津逮秘書　105
清代禁燬書目四種索引　16
清代名人伝略（Eminent Chinese of the Ch'ing Period〈1644-1912〉　81
清朝考証学派　103
清朝における国語問題の一面　33
清朝の制度と文学　33, 36, 93
清朝文学　36
新唐書　27
神農　135, 144
人表攷　82
申報　91
新法　157
申報館　76
箴銘類　174

ス

水経注　130
水滸伝　14
水滸伝と支那戯曲　16
隋書経籍志　25-27, 117, 128, 163
隋書経籍志考証　25-26
隋書経籍志詳攷　26
崇文院　28, 118
崇文総目　28, 118
崇文目録　28

セ

成王　153, 158
西河合集　103
静嘉堂文庫漢籍分類目録　31
正誼堂全書　101
声響　177
成句　177
制芸　47
井公　19, 118
斉詩　125-26, 128
正史　79
姓氏急就篇　73-74
正史百官志　98
西狩獲麟　165
静女（邶風）　129
世宗（清、雍正帝）　75
西大后　76
清談　149
成帝（前漢）　24, 116
制度通　93
成伯璵　128
青苗法　157
性理字義　111
惜抱軒外集　36
説卦（伝）　145, 148

商瞿子木　147
商君　155
章群　50
鄭玄　42, 126-27, 138-39, 148-50, 156, 161, 164, 170
鄭玄詩譜　128
上古　145
小功　162
焦竑　29, 118
襄公（魯）　146
頌賛類　174
尚書　54, 90, 126, 134-42
尚書今古文注疏　142
尚書後案　142
尚書考異　140
尚書孔序　134
尚書古文疏証　141
尚書集注音疏　142
尚書章句　137
尚書叙録　140
尚書正義　141
尚書全解　141
尚書璇璣鈐　134
尚書大伝　137
尚書地理今釈　90
尚書統　137
尚書弁解　140
邵晋涵　36
小説体文　175
小説文学　65
聶崇岐　27
章宗源　26
蔣廷錫　90
葉適　146
象伝　145, 147
昭徳先生郡斎読書志　28
昌彼得　82
蕭奮　161
小方壺斎輿地叢鈔　101
蕭望之　125
小毛公　125
邵友誠　41
詔令類　174
初学記　60-61, 76
初学記引書引得　61
初学記校　61
初学記所引書目稿　61
（欽定）書経伝記彙纂　142
叙記類　174
書今古文集注　141
書禁と禁書　16
職官志　92
食子公　125
徐堅　60
徐乾学　55, 100, 162
徐彦疏　172
徐公　124
徐敖　138
書蔡伝旁通　141
書纂言　141
諸子百家　135, 159
書集伝　140-41
徐松　109
諸子略　116
徐崇　27
徐生　161
徐世昌　84
書説類　174
書伝大全　142
序跋類　174
徐福　137-38
徐勉　58
書目答問　43-46
書目答問箋補　45

周官析疑　158
周官禄田考　159
終軍　176
周公　145, 153, 155, 159, 166
周康王の后　126
十三経　121
十三経注疏　149, 156, 171
周次吉　66
十七史商榷　23
周醜子家　147
周書　134
周書王会補注　74
十二経　120
周覇　124
修文殿御覧　58, 62-64
修文殿御覧について　58
十翼　145-46
輯略　116
朱学勤　104
守山閣叢書　105
朱子　104, 108, 115, 128-31, 133, 139-40, 150, 156
朱士嘉　101
朱子語類　115, 123, 140, 156
朱子集伝　130-33
朱子派　44
朱駿声　110
主象派　148
朱注　104
述職　166
術数略　116
周礼　126, 145, 152-58, 169
（周礼）夏官　154
（周礼）秋官　154, 157
（周礼）春官　135, 154
周礼疑義挙要　159
周礼太卜　144
（周礼）地官司徒　153, 157
（周礼）天官　153
（周礼）冬官　154-55
周礼注　156
主理派　148
舜　135
淳于棼　67
荀勗　117
荀卿　125
春在堂叢書　103
荀子性悪篇　106
巡狩　166
春秋　116, 120, 127, 134, 165-71
春秋公羊通義　172
春秋公羊伝注疏　172
春秋左氏正義　171
春秋左氏伝　90
春秋大事表　171
春秋地理考実　90
春秋の書法　169
荀爽　148
順治帝　97
舜典　139
書　120, 127, 134-41, 145, 165
省　96
邵懿辰　41
焦延寿　147
蕭何　115
鍾華　80
小学考　43
小学考目録　43
小学紺珠　73
章学誠　20
章学誠の史学　20
小夏侯氏学　137
銷燬抽燬書目　15
湘郷　85

子産　158
子思　163
資治通鑑　91
資治通鑑索引　93
資治通鑑地名索引　91
施讎　147
詩緝　132
四十七種宋代伝記綜合引得　82
詩集伝〔朱熹〕　129
詩集伝〔蘇轍〕　132
四書　121
詩書　121, 123
詩序　128
詩小序　127-29
四書五経　56
史姓韻編　79-80
士相見礼　161
詩大雅　54
詩大序　122, 128
師丹　125
七志　117
詩地理攷　74
七略　24, 116-17
七録　117
史通申左篇　170
室名索引　86
詩伝通釈　132-33
詩伝旁通　133
司徒　153
詩童子問　132
支那学入門書略解　99
支那学文藪　16-18, 28
支那官制発達史　93
支那戯曲史　17
支那近世戯曲史　17
支那思想のフランス西漸　18
支那小説紅楼夢に就て　17
支那小説史　17
支那俗文学史研究の材料　17
支那文学概論講話　17
支那文学史　25
司馬侯　165
司馬遷　136, 138, 144, 169
四部　117
四部叢刊　106
四部叢刊三編　106
四部叢刊続編　106
四部備要　106, 110
四部目録　117
詩賦略　116
辞賦類　174
時文　46-47, 93
詩本義　127, 132
緦麻　162
四明叢書　103
四門博士　92
釈氏の説　149
若水斎古今算学書録　101
釈名　120
謝啓昆　43
謝曼卿　126
謝霊運　117
朱彝尊　41-42, 84, 118, 133
朱筠　32
子游　163
周易　126, 145
周易集解　150
周易正義　149
周易鄭康成注　74, 150
周王孫　147
周官　153-56
（欽定）周官義疏　158
周官集注　158
周官新義　159

左伝離題略　171
左伝杜解補正　171
左伝附註　171
（左伝）文公十八年　54
左伝補注　171
三家詩　124
三古　145
三皇五帝　135
三国芸文志　26
三国志人名録　82
斬衰　162
三十三種清代伝記綜合引得　81
三聖　145
三正綜覧　87
三続疑年録　88
三長物斎叢書　98
三伝　167-68
三伝三礼　121
散文　174-75
山右叢書初編　103
三礼　126
三礼義疏　162

シ

詩　108, 116, 120, 126-27, 145, 160, 165-66
緇衣　163
史諱挙例　85
塩と中国社会　22
子夏　128, 150, 162, 164, 171
詩解　127
爾雅義疏　109-10
史学叢書　101
士冠礼　161, 163
史記　25, 145, 166, 169
史記孔子世家　123
史記始皇本紀　115
史記蕭相国世家　115
史記人名索引　80
（欽定）詩義折中　133
詩経国風　129
詩経小雅　54
詩経世本古義　132
詩経大全　133
（欽定）詩経伝説彙纂　133
司空　154
滋野貞主　64
子貢　163
詩攷　73-74
司寇　154
始皇帝　115, 155
（増訂）四庫簡明目録標注綜合索引　41
四庫採進書目即各省進呈書目附索引　38
四庫全書　15-16, 75
四庫全書館　31, 33, 42, 69
四庫全書簡明目録　37, 40, 119
四庫全書総目及未収書目引得　38
四庫全書総目提要（四庫全書総目）　29, 36, 119, 129, 169
（欽定）四庫全書総目坿、未収書目提要索引、書目表、未収書目表、清代禁燬書目四種　37
四庫全書珍本初集―七集　106
四庫全書珍本別輯　106
四庫全書提要分纂稾　36
（欽定）四庫全書提要、補遺坿解題書名索引、文溯閣四庫全書提要与総目異同表、聚珍版本提要与四庫本提要異同表　37
四庫未収書目提要　41
士昏礼　161, 163
斉衰　162

国朝文録、続編　85
穀梁伝　172
伍元薇　102
胡広　133, 142, 164
古今算学叢書編目　101
古今人表　81
古今人物別名索引　86
古今同姓名大辞典　86
古今図書集成　75-76
古今図書集成分類目録　75
胡三省　91
顧氏遺書　103
呉士鑑　27
顧修　104
呉修　88
呉寿暘　30
胡常　138
胡承珙　132
古書疑義挙例　111
顧嗣立　84
伍崇曜　102, 105
顧祖禹　89
五続疑年録　88
互体　148
古注　104
呉澄　140-41
後鄭　156
顧棟高　171
湖南叢書　103
古文（文体）　44, 175-78
古文（古文学）　24, 139-41, 161
古文尚書　137-38
古文尚書考　142
古文尚書撰異　142
古文辞類纂　174
古文説　138
古文派　44
古文礼　161
胡鳳丹　102
湖北先正遺書　103
胡母子都　171
胡母生　116
顧命　139
語孟字義　110, 146
呉棫　139
胡林翼　91
五礼通考　162
困学紀聞　72
困学紀聞注　72
根牟子　125
昏礼　163

サ

採進本　33
済生抜粋　102
蔡沈　140-41
蔡伝〔蔡沈書集伝〕　142
采風の官　122, 166
左邱明　168
左圭　105
左史　134
左氏集解　170
左（氏）伝　24, 123, 134, 145-46, 158, 160, 167-70
（左氏）博士　170
雑記類　174
冊府元亀　71, 73, 76
冊府元亀奉使部外臣部索引　72
（左伝）哀公十六年　168
左伝詁　171
左伝輯釈　171
左伝昭公二年　165
左伝昭公十二年　135
（左伝）宣公九年　169

考古学報　51
口語体文　175
孔子　120, 123, 125, 127-28,
　136-37, 145-47, 161, 165-68
爻辞　145
孔子家語　21
孔子刪詩　123
高似孫　118, 146
黄氏日抄　107
孔序〔尚書序〕　135
高相　147
項城　85
光緒会典　96
校書部　117
高士廉　58
江人度　45
江声　142
皇清経解　90, 100, 103, 109-10
后倉（后蒼）　125, 161
黄宗羲　103
公孫尼子　163
後知不足斎叢書　28, 106
行中書省　96
皇朝一統輿図　91
黄帝　135-36, 144
黄帝素問経　135
孔伝　62
高堂生　116, 160-61
慊堂日暦　23
黄東発　107
公牘（体）文　93-94, 175
洪範　138
合肥　85
広百川学海　106
黄丕烈　30, 105
光武帝（後漢）　138, 155
洪武帝　97
神戸大学附属図書館漢籍分類目録
　31
黄逢元　27
皇明文衡　85
孔孟の学　149
孔門七十子　107
高郵王氏五種　103
皐陶謨　139
江畬経　67
皇覧　58, 73, 117
洪亮吉　171
呉永　106
呉栄光　89
顧炎武　21, 53, 72, 103, 119,
　133, 171
顧懐三　27
古学　24
後漢芸文志　26
後漢書　57
後漢書楊賜伝　126
後漢不列伝人名韻編　82
故宮博物院　29
五経　121
（五経）正義　127, 139, 156, 170
五経大全　133, 142
五経博士　116
国学基本叢書　28, 106
国学論文索引　50
国語　123
国語晋語　165
国語楚語　165
国史経籍志　29, 118
国子博士　92
刻石国子学則　121
国朝耆献類徴　80
国朝先正事略　80-81
国朝著述諸家姓名略　44

ケ

卦　148
経苑　100, 103
経解　100
経学　103-04
児寛　137
経義考　41, 43, 118, 133
経義考補正　41
経義考目録、校記　41
頃公（衛）　126
繫辞（伝）　143-45, 147-49
恵士奇　159
経史子集　117
経籍考（文献通考）　118
経籍籑詁　109
経典釈文　172
経典集林　24
恵棟　142, 150, 171
慶普　161
芸風堂金石文字目　102
桂馥　109-10
恵文王（秦）　169
芸文略（通志）　118
芸文類聚　59-60, 62-63, 76
芸文類聚引書引得　60
京房　147
経礼　152
下古　145
桀　149
厳可均　84
元曲の由来と白仁甫の梧桐雨　17
擘経室集　41
阮元　30, 37, 41, 101, 109
阮孝緒　117
元好問　83
兼済堂纂刻梅勿菴先生暦算全書　101
元雑劇研究　17
厳粲　132
元史芸文志　26
（御選）元詩、姓名爵里　84
元詩選　84
元儒　168
元人雑劇序説　17
玄宗　85
献帝（後漢）　117
元文類　85
元明清三代禁毀小説戯曲史料　16
玄理　151
乾隆会典　96
乾隆帝　31, 85, 119

コ

胡渭　142
古逸叢書　100
孔安国　124, 134-35, 137-39, 141
項羽　115
江永　90, 159
交易　157
康王之誥　139
広雅疏証　109-10
広漢魏叢書　106
康熙字典　13, 109
康熙帝　31, 34, 75, 85, 97
孝経　137
黄虞稷　30
敖継公　162
考古　51
候康　26
考工記　154-55
孔広森　172
孔広陶　60

許晏　124
堯　135
郷飲酒　161, 163
郷飲酒義　163
匡衡　125
夾漈詩伝　128
龔自珍　109
郷射礼　161
行政区劃　96
堯典　54, 138
京都大学人文科学研究所漢籍分類目録坿書名人名通検　30
京都大学文学部漢籍分類目録　30
京都帝国大学漢籍目録史部第二　30
京都帝国大学附属図書館和漢書目録第一　30
橋庇子庸　147
姜亮夫　88
玉海　25, 72-73
玉函山房輯佚書　24
曲礼　164
許行　135
許氏学　124
許生　124
儀礼　126, 152, 159, 161-62
（欽定）儀礼義疏　162
儀礼集説　162
儀礼析疑　162
義理　108
義和団事変　38
金毓黻　37
金華叢書　102-03
（御選）金詩、姓名爵里　84
禁書　15
禁書総目　16
禁書総録　16
金石萃編　102
金石萃編補正　102
金石萃編補略　102
金石続編　102
金石録書目　102
欽定四書　38
金天游　105
今文　140, 161
今文学　24
金文最　84
今文尚書　136-37
今文二十八篇　139
均輸　157
金陵叢書　103

ク

寓意小説　66
孔穎達　123, 127, 132, 141, 145, 149, 164, 170-71
虞世南　60
瞿宣穎　101
旧唐書　27
虞翻　148
公羊　170
瞿鏞　30
（公羊）敢　171
公羊高　171
公羊寿　171-72
公羊序　166
公羊荘公七年　167
（公羊）地　171
公羊伝　171
（公羊）平　171
訓詁　106-09, 170
郡斎読書志、後志　28, 118
君山文　38

獲麟　168
夏侯健　137
賈公彦　156, 162
夏侯氏　137
夏侯始昌　125, 137
夏侯勝　137
卦辞　145
夏書　134
何崧齢　86
賈疏（周礼）　136
家蔵本　34
賈注（左伝）　170-71
月令　163
科斗文字　137
雅文　66
嘉礼　161
華林遍（編）略　58
韓嬰　116, 125
漢易　149-50
漢学（派）　39, 44, 104, 109, 126
勧学篇　45
冠儀　163
漢魏叢書　105
（増訂）漢魏叢書　106
簡卿　137
漢芸文志攷証　25, 73-74, 117
貫公　170
韓康伯　149
観古堂蔵書目　30
韓詩　125-26
韓詩外伝　126
顔師古　127, 136, 153
顔之推　58
漢儒　125, 148-49, 152, 157
管巡撫事　94
関雎　126-28
漢書　24-25, 57, 81
漢書易十三家　147
漢書芸文志　23, 117, 125, 153
漢書芸文志拾補　26
漢書儒林伝　146
漢書地理志　130
漢書杜欽伝　126
官制　91-92
漢制攷　74
韓宣子　165
邯鄲記　67
（重訂）漢唐地理書鈔七十種　101
馯臂子弓　147
韓愈　92, 175-76
翰林院　32
漢隷　136

キ

紀昀　33, 36-37, 39, 69, 98, 119
紀暁嵐→紀昀
戯曲　67
箕子　145
偽書　21
魏晋学術考　21
帰蔵　144-45
魏徴　58
疑年録　88
疑年録彙編　88
岐伯　135
畿輔叢書　103
九共　139
九経　121
帰有光　140
急就篇（補注）　74
丘中有麻（王風）　130
汲冢書　117
九通　98
宮夢仁　74

王頊齢　142
王欽若　71
王倹　117
王言　102
翁元圻　72
王璜　138
王国維　17, 103
王式　124
王氏四種　103
汪士鐸　27
王士禎　119
王洙　118
王重民　43
王粛　21, 127, 134
王象　58
欧人の支那研究　18
王制　163
王錫祺　101
王先謙　101
王祖彝　82
王蔵　124
王昶　102
王田　157
王同子中　147
王念孫　103, 109-10
王弼　127, 148-49, 151
王扶　124
王夫之　103
翁文灝　91
欧米に於ける支那研究　10
王謨　101, 106
翁方綱　41
王勃　176
王鳴盛　22, 142
王莽　117, 155, 157
王庸　50
欧陽高　137
欧陽氏学　137
欧陽修　28, 103, 118, 127, 137, 146, 175
欧陽詢　59
欧陽生　137
欧陽地余　137
欧陽文忠公集　103
大阪府立図書館蔵漢籍目録　31
荻生徂徠全集　110

カ

夏　136
海外通信　18
海外東方学界消息　19
外史　135
怪談　66, 69-70
懐徳堂文庫図書目録　31
海寧王忠愨公遺書　103
何允中　106
何楷　132
夏寛　124
河間献王　23, 116, 125, 154-55
賈逵　126, 138-39, 156, 170
賈誼　170
何休　166, 170, 172
瑕邱江公　124
科挙　56, 175
楽　120, 145, 165
郝懿行　109-10
楽記　163
郝敬　140
楽経　120
郝慶柏　38
学津討源　105
学政　43, 46
郭伯恭　32
楽律　122

索引

ア

哀公（魯） 165
哀祭類 174
哀帝（前漢） 24, 116
アジア歴史地図 91
吾妻鏡 42

イ

違礙書目 16
韋賢 124
韋元成 124
彙刻書目 104
彙刻書目初編 104
韋氏学 124
韋賞 124
倚相 135
イスラム暦 87
佚存叢書 100
一百七十五種日本期刊中東方学論文編目附引得 49
逸礼 161
伊藤仁斎 110, 146
伊藤東涯 93
尹咸 116
隠公（魯） 165
韻文 174
陰陽二気 143

ウ

禹貢 138
禹貢錐指 142
右史 134
于式玉 49

エ

永嘉叢書 102-03
永嘉の乱 139
衛宏 126-28, 130, 139
衛湜 164
永楽大典 29, 31-32, 74-75, 98
永楽大典現存巻目表 32
永楽大典考 32
永楽帝 31
易 116, 120, 127, 143-50, 165
易象 148, 165
益稷 139
易注（王弼） 148
粤雅堂叢書 28, 105
閲微草堂筆記 37, 69
淵鑑類函 58
轅固生 116, 125
閻若璩 55-56, 119, 140
塩商 21-22
袁世凱 85
円明園 34-35
塩邑志林 103
燕礼 161

オ

欧亜紀元合表 87
王引之 103, 110
王応麟 25, 72, 117, 126, 150
皇侃 164
汪輝祖 80
王吉 125
王堯臣 28, 118
王暁伝 16

狩野直喜《かのなおき》

1868年生まれ。中国学者。京都帝国大学名誉教授。著書に、『中国哲学史』『両漢学術考』『魏晋学術考』『支那文学史』『支那学文藪』『論語孟子研究』『御進講録』ほか。1947年歿。

狩野直禎《かのなおさだ》

1929年生まれ。東洋史学者。京都女子大学名誉教授。著書に、『諸葛孔明』『「史記」の人物列伝』『「三国志」の知恵』『後漢政治史の研究』ほか、共訳注書に、班固『漢書郊祀志』。2017年歿。

漢文研究法——中国学入門講義　東洋文庫890

2018年7月10日　初版第1刷発行

著者　狩野直喜

発行者　下中美都

印刷　藤原印刷株式会社
製本　大口製本印刷株式会社

発行所　電話編集 03-3230-6579　営業 03-3230-6573　振替 00180-0-29639
〒101-0051 東京都千代田区神田神保町3-29 株式会社 平凡社

平凡社ホームページ http://www.heibonsha.co.jp/

ISBN 978-4-582-80890-2
NDC 分類番号020.22　全書判（17.5 cm）　総ページ240

《東洋文庫の関連書》

44 四書五経〈中国思想の形成と展開〉 竹内照夫著

329 道教 アンリ・マスペロ著 川勝義雄訳

344 362 403 夢渓筆談 全三巻 沈括著 梅原郁訳注

460 漢書五行志《かんじょごぎょうし》 班固撰 冨谷至 吉川忠夫訳注

470 科挙史 宮崎市定著 礪波護解説

474 漢書郊祀志《かんじょこうしし》 班固著 狩野直禎 西脇常記訳注

485 東洋文明史論 桑原隲蔵著 宮崎市定解説

493 古代中国研究 小島祐馬著 本田濟解題

500 中国古代の祭礼と歌謡 M・グラネ著 内田智雄訳

508 東洋における素朴主義の民族と文明主義の社会 宮崎市定著 礪波護解説

518 詩経国風《しきょうこくふう》 白川静訳注

557 559 支那史学史 全二巻 内藤湖南著 吉川忠夫解説

618 619 中国小説史略 全二巻 魯迅著 中島長文訳注

635 636 詩経雅頌《しきょうがしょう》 全二巻 白川静訳注

661 中国人の宗教 M・グラネ著 栗本一男訳

686 688 689 列女伝 全三巻 劉向著 中島みどり訳注

701 日本談義集 周作人著 木山英雄編訳

716 718 中国における近代思惟の挫折 全二巻 島田虔次著 井上進補注

775 古書通例〈中国文献学入門〉 余嘉錫著 古勝隆一 嘉瀬達男 内山直樹訳注

837 目録学発微〈中国文献分類法〉 余嘉錫著 古勝隆一 嘉瀬達男 内山直樹訳注

887 古代中国の社《しゃ》〈土地神信仰成立史〉 E・シャヴァンヌ著 菊地章太訳注